資産1億円を築く教科書

# お金持ち入門

責任編集 エリエス・ブック・コンサルティング代表
土井英司

投資信託
朝倉智也
モーニングスター（株）代表取締役社長

不動産
伊藤邦生
ゴールドスワンキャピタル代表

税金
ウエスタン安藤
税理士

投資信託
太田 創
フィデリティ投信（株）商品マーケティング部長

海外投資
木村昭二
新興国市場研究家

保険
長谷川嘉哉
認知症専門医師

不動産
畑中 学
不動産コンサルタント

株式投資
藤野英人
レオス・キャピタルワークス ひふみ投信ファンドマネジャー

株式投資
松崎泰弘
会社四季報オンライン事業部担当部長

税金
柳澤賢仁
税理士

貯蓄保険
横山光昭
ファイナンシャルプランナー

実業之日本社

あなたは、
お金持ちになる準備ができていますか?

お金持ちといっても、モーレツに働き、大勢の人を雇う高額所得者を指すのではありません。

**自分以外に稼いでくれる「何か」を持ち、生涯それが途絶えない人のことを指します。**

たとえば、あなたが毎年500万円の配当収入をもたらす企業の株式を持っていたり、毎年1000万円の家賃収入をもたらす不動産を持っていたりすれば、生涯年収が飛躍的に増え、老後の生活に不安を持つことはなくなります。

この心の豊かさを持てることこそが、本書でいう「お金持ち」の定義です。

『お金持ち入門』では、皆さんの「稼ぎ（＝給料）」は、将来あなたのために稼いでくれる「何か（＝資産といいます）」を手に入れるための手段に過ぎません。

正しく貯める方法を理解していれば、

**年収にかかわらず、誰でも「お金持ち」になれるというのが、本書の主張です。**

ただし、お金持ちになるには、心の準備（価値観の転換）が必要です。

それは、従来の日本人の価値観でいうと、ちょっと違和感を覚えるものかもしれません。

- **「年収」よりも「資産」が大事**
- **貯めたら一定の範囲内で大胆に勝負をかける**
- **サラリーマンでも節税できる仕組みを持つ**
- **リスクのない借金をする**

本書を読み終える頃には、あなたは周りの人とは違うお金の価値観を持ち、お金持ちへの道を歩み始めているに違いありません。

本書では、貯蓄、株式投資、投資信託、不動産投資、税金、海外投資、保険のプロフェッショナル11人が、それぞれに持論を展開し、類書とは異なるアグレッシブな資産の作り方を教えてくれます。

## 人生は一度きり。

「せっかく生きるならお金持ちになりたい！」と思う方は、ぜひプロのアドバイスを活かし、実践してみてください。

## 僕は、人生を4分割で考えています。

生まれてから学生時代までは、親を資産として、親に稼いでもらう時期。
20代、30代は、自分の資産を作るためにあくせく働く時期。

40代、50代は、自分が作った資産に食べさせてもらう時期。
60代以降は、次の人に資産を渡す準備をする時期。
あなたがいまどの時期にいるにしても、本書はきっと役に立ってくれるはずです。
**資産を作り、資産に食べさせてもらう間に社会貢献をし、やがて誰かに志と資産を手渡していく。**

**あなたも、社会も豊かになる、**
**そんな生き方をぜひ本書で見つけてください。**

それでは、『お金持ち入門』の始まりです！

２０１５年６月

土井英司

## 第3章

# 【投資】株式・債券でお金を増やすテクニック

## 第4章

## 【投資】投資信託でお金を増やすテクニック

# 第5章

# 【税金】社長はこんなにズルをしている

# 第6章

## 【不動産】失敗しない物件の選び方と投資術

# 第7章

# 【海外投資】海外投資でしっかり儲けるヒント

# 第8章

# 【保険】ムリ・ムダのない戦略的な保険のかけ方・使い方

第9章

# 【相続】お金に振り回されない相続



※目次並びに各章扉に記載の著者名はその章の執筆順、カバー記載の著者名は五十音順です。

第1章

# あなたもお金持ちになれる！

**土井英司**（どい　えいじ）

エリエス・ブック・コンサルティング代表
日本で一番お金の本を読み、プロデュースし、投資を実践する。
「アマゾンのカリスマバイヤー」として多くのベストセラーを生む。
2004年に独立後は数多くの著者のブランディング、
プロデュースを手掛け、『年収200万円からの貯金生活宣言』
『投資信託選びでいちばん知りたいこと』など
お金の本でのヒットも多い。
「フレキシブルに、アグレッシブに」の思考法で、
株式で数千万円、不動産で数億円を投資する実践家でもある。

# 資産1億円なら誰にでもできる!

100万部のベストセラーは、誰にでもできるわけではありませんが、
累計100万部なら、努力次第で可能です。
同様に、年収1億円は、限られた人にしかできませんが、
資産1億円なら誰にでもできる。
資産1億円が実現できれば、
そこから毎年500万円の収入を得ることは難しくありません。
この第1章では、わかりやすいたとえ話をベースに、
お金持ちがやっているお金の使い方、活かし方を学びます。
なぜ貯金しているだけでは危ないのか、
なぜ年収1000万円を目指してはいけないのか、
なぜサラリーマンでも会社を持つべきなのか、詳しく解説しています。
お金持ちになるには、学ばなければいけないことがたくさんあります。

たくさん貯蓄しても、それを守る知恵がなければ、
あっという間に資産は目減りして、みじめな老後になります。
本書では、類書で提案していないことをたくさん提案しているので、
最初は戸惑うかもしれませんが、読んでいるうちに、
あなた自身が成長していくのを実感するはずです。

まだ何にでもチャレンジできる若いうちに
お金のことで悩むのはムダなこと。
年を取って仕事ができなくなってから
お金のことで悩むのはこれまたムダなことです。
いまからきちんと考え方をマスターして、
豊かな人生を送りましょう。
それでは、『お金持ち入門』のスタートです！

土井英司

## ●はまぐり採りと銀行預金

初めて預金通帳を作ったのは、幼稚園の頃でした。

「通帳を作るには紙が必要だから、紙を持ってきなさい」といわれ、大好きな消防車の絵本をビリビリに裂いて、父親に渡したら、「うん、これで作れるね」とニコニコしながらいわれました。

いま思えば、あれは貯金に対する熱意を試されていたのだと思います。

以来、お年玉をもらうたびに預金し、通帳のお金には金利がついて増えていきました。当時の定期預金の金利は2％くらいだったと思います。

ただ、現在は同じことをやってもお金は増えません。子どもがお年玉を3000円貯金したところで、つく金利はたかが知れています。

これはお金の世界の常識ですが、

**ずっと同じことをやっていては、お金は増えません。**

**同じところで釣りをしていると、徐々に魚が釣れなくなっていくのと同じことです。**

私事で恐縮ですが、毎年、実家のある秋田県に戻ると、決まって地元の宮沢海岸というところに〝はまぐり〟を採りに行きます。

いや、正確にはかつては採れていたけれど、最近は砂あさりをしている、といったほうが正しいでしょうか。

初めて兄と一緒に宮沢海岸を訪れた25年前には、バケツいっぱいにはまぐりが採れました。神奈川県の観光名所・江ノ島で焼いて売ったら７００円はしそうな大きなはまぐりです。

兄と僕以外にもここでたくさんの人がはまぐりを採っていたのでしょう。以来、毎年訪れるたびにはまぐりは減り、ついに1日使って小さなものが2～3個採れるかというレベルにまで落ち込んでしまいました。

「それだったら、採る場所を変えればいいじゃないですか」と笑う人がいそうですね。

まったくその通りだと思います。

**でも、ことお金となると、日本人は僕のはまぐり以上に愚かなことをしているのです。**

「預金」という漁場に網を張って、1年間大事なお金を寝かせる。その間、他の漁場に行くことなんか、考えていないかのようです。

お金の世界には、銀行預金以外に、外貨預金（ドルやユーロなどで貯金する）、株式や債券（国や企業が発行する借用証書）、不動産（ビル経営、駐車場経営）など、さまざまな商品があります。

これらを上手に使うことで、お金は増えていくのです。

## ●いますぐ貯金をやめなさい

学生時代に、「金利」について学びました。そう、銀行に預金するともらえるあの「金利」です。もっとも印象に残ったのは、**現在の100万円は未来の100万円よりも価値がある、**ということでした。

いますぐ100万円もらえるのと、10年後に100万円もらえるのとでは、価値が変わる。ほとんどの人はいますぐ100万円が欲しいですし、10年後まで我慢するならいくらか色をつけてくれよ、というわけです。これが金利です。

ほとんどの人は、いますぐお金を使いたい。だから極端な話、いますぐの欲望をガマンできない人は、借金をして金利を払ってでもハワイに行きたいと思う。そういえば昔、消費者金融の広告でありましたね。彼女が借金してでもハワイに連れてけ、なんてせがむやつです。

ガマンできる人がガマンできない人に金を貸して成り立っているのが金貸しの世界です。だから、ガマンできる人は金利を受け取り、ガマンできない人は金利を払う。払う側になったら、借金だらけの人生になりますから、気をつけたいところです。

と、ここまで書いたら、何だか金を借りる人はガマンできない残念な人で、金を貸す人はガマンできる偉い人みたいに聞こえますが、実際はそうではありません。

実際にお金を稼いでいる人は、払う金利以上にお金を増やせる立派な人なのです。消費者金融に駆け込む人は、自分の欲望をガマンできない残念な人ですが（もちろんやむを得ない場合はあると思います）、大きなビジネスを手掛ける人は、他人のためにガマンしないことを選択しています。

たとえば、インドに衛生状態の悪い村があって、ここに水道施設を造りたいから借金をして造る、清潔な水をペットボトルに詰めて売るために工場を造るなど、誰かを助けるために、自分がリスクを負って借金をする人もいるのです。

お客さんの側は、いますぐにでも欲しいからモノが売れる。**借りる金利は10％と高いけれども、それ以上に投資したお金が増えるから、この借金は成り立ってしまうのです。**

だから、皆さんが銀行にお金を預けて金利を受け取るという場合、それは銀行を仲介役にして、間接的に残念な人、もしくは立派な人にお金を貸しているから成り立つ。

インドの場合でいうならば、銀行は皆さんから預かったお金を10％で起業家に貸して、皆さんには8％の金利を支払う。差額の2％は銀行の取り分になるわけです。

これが日本の場合、皆さんに支払われる金利はたったの0.025％です。

**銀行はたったの0.025％でお金を仕入れて、それを1～2％で貸し出しているのです。**

日本人は、貯金をするのは賢明な人間だと思っていますが、

**実際には、貯金する人よりも銀行が儲かっていて、銀行よりも借りた金を増やす起業家のほうが儲かっている。**

だから、あなたが本当に賢明な人間になりたければ、勇気を持って投資することが必要になるのです。

「そんなことといって、損したらどうするんだよ」という人がいるかもしれません。失敗した人を見て、「それ見たことか」という人がいるかもしれません。

でも、失敗するかもしれないからといって様子見をし、リスクを取る人を悪くいうのは、イソップ童話の「すっぱいぶどう」と同じです。

イソップ童話では、おいしそうなぶどうを見つけたキツネが何とかぶどうをとろうとしますが、ぶどうは高いところにあるから届かない。そこでキツネは怒りと悔しさから、「どうせこんなぶどうはすっぱくてまずいだろう」と捨て台詞を残して去るのです。

これは、勇気を出してリスクを取る起業家や投資家をバカにする日本人そのものです。
勇気を持って挑む起業家を社会が評価しないなら、勇気のある人材など育ちません。
勇気を持って投資する投資家がいないなら、経済は成長しません。

## 日本人がいま貧乏なのは、勇気が足りないからです。

2014年に『お金が貯まるのは、どっち⁉』（アスコム）がベストセラーになりましたが、お金は使う人がいないと回りません。みんながガマンしてお金を使わないのは困りものです（もちろん、みんなが本を買うことでお金は多少回るのですが……）。

かつては、企業が機械を買ったり、個人が住宅ローンを組んだりして未来のためにお金を使ったため、お金が回っていました。金利が高かったわけです。

でもいまは、お金を借りたい人が少ないから、金利が安い。おまけに政府はインフレを起こそうとしていますから、お金のままにしておいてもいいことはないのです。

では、どうすればいいか？

## お金を、将来、価値の上がる「何か」に変えてしまえばいいのです。

経済学に「需要と供給」という言葉がありますが、要は欲しい人がいるから値段が上がる。あるいは欲しい人がいるのにモノが十分にないから値段が上がる。これが経済の原理です。

だから、あなたが持っているお金を増やしたいなら、みんなが欲しいと思う「何か」、欲しいと思っているのに手に入れにくい「何か」と交換し、値段が上がった段階でお金に変える。

そうすると、お金が増えるというカラクリなのです。

### 守っていると、これまでの生活すら維持できなくなる

最近、世界的にサーモンの値段が上がっているのをご存じですか？

成長著しいアジアの富裕層が大量にサーモンを買って食べているため、われわれがこれまで

と同じ量を手に入れようと思ったら、いままでの値段では買えなくなってくるのです。おまけに円安ですから、**回転寿司だって牛丼だって、これまでと同じ値段では食べられなくなる日が来るでしょう。**２０１７年４月には消費税が10％になります。

もはや積極的に攻めることなしには、豊かにはなれない時代がやってきたのです。

**ただ、お金をお金以外の何かに交換する行為には、恐怖がともないますよね。**

それが金《きん》であれ、不動産であれ、株であれ、お金を手放して何かと変える行為は、やっぱり「怖い」わけです。

**ここで、いくつかお金を手放すのが「怖くなくなる」方法を教えましょう。**

もともとセルフイメージが低いサラリーマンだった僕が、起業するのに８００万円投資して、株では数千万円投資して、不動産には数億円投資できた考え方です。

**まずは、価値あるお金を使わないで銀行に取っておくというのがどういうことなのかを知りましょう。**

どんな人間でも、仕事をしてお金を得るのにそれなりの時間を使っています。

もしあなたの時給が１０００円で１日10時間働いて１万円手に入れるとしたら、１００万円の貯金は１００日分の時間です。

貯金が１０００万円なら１０００日分ですから、ほぼ３年にあたります。

あなたは、１０００万円貯金があることを喜んでいますが、実際には自由に使えた３年を「死蔵」していることになります。

## これって人生のムダではないですか？

「そんなことをいったって、何かあったときの蓄えは必要でしょう」

その通りだと思いますが、それなら月々少額の保険金をかけておけばいいわけで、日本には失業保険だって存在します。

会社を経営するには、いざというときのストック（蓄え）は１年分あればいいといわれますが、個人の場合は、失業した後、職を探すまでの期間、食いつなげれば十分でしょう。引っ越し費用や家族の病気、子どもの教育費など、考えればキリがありませんが、**過剰な蓄えは未来の可能性を奪うと思ってください。**

確かに、「Cash is King（現金は王さま）」という言葉もありますから、現金は重要です。でも、理解しておかなければならないのは、そもそも人間がお金を使う際、お金のまま使う人なんていないってことです。みんな新しい服やお昼の牛丼、最新の電子機器や賃貸マンションなどにお金を出して使っている。だって人間は、モノがないと生きていけないんですから。

# 世の中でお金持ちといわれる人は、誰かが欲しいと思ったものを大量に供給して成功した人間です。

ウィンドウズを売りまくったビル・ゲイツ氏やｉＰｈｏｎｅを世に出した故スティーブ・ジョブズ氏、ユニクロを世界中に展開している柳井正氏が億万長者になったのは、人が欲しいと思うものをたくさん作って売ったからです。

必要とされる仕事をしている人はお給料が上がる。
どんなに優秀でも、必要とされていない仕事をすると、お給料が下がるわけです。

## 年収1000万円を目指してはいけない

『年収1000万円の貧乏人　年収300万円のお金持ち』（KADOKAWA／中経出版）というタイトルの本がかつて話題になりました。著者は、本書の執筆陣の1人である伊藤邦生氏です。

実はこれ、伊藤氏の偏った意見ではなく、多くのファイナンシャルプランナー、お金のプロが口を揃えていうことなのです。

**年収1000万円のサラリーマンが貧乏になってしまうのは、年収600万円の人とそんなに手取り収入が変わらないのに、プライドが高く分不相応な生活をしてしまうからです。**

家族で住む自宅の住宅ローン、子どもは2人でできれば私立校に入れたい、クルマはBMWかMINI。ダンナさまの給料が年収1000万円でも、それは額面でいえば月々80万円程度。税金を考えれば、家賃は20万円がいいところです。そこに多額の住宅ローンと子どもの教育費、奥さまのぜいたくが積み重なれば、家計が破綻するのは目に見えています。

もちろん、年収1000万円が悪いといっているのではありません。

**「お金をたくさん稼げばたくさん使える」**という考え方が間違っているといいたいのです。

お金はどんなに稼いだって、浪費したら回りません。

## あくまで「収入－支出」がプラスでなければならないのです。

ただ難しいのは、だからといって、倹約すればお金が飛躍的に増えるわけでもない、ということです。そこでお金持ちはどう考えるかですが、ニワトリと卵で説明しましょう。

まず、普通の人は、一生懸命よそでお金を稼いできて、そのお金で卵を買おうとします。買い物は、あくまで自分の満足のために行われます。

# お金持ちは違います。

彼らは今日の卵を我慢し、お金を貯めてやがてニワトリを買います。

ニワトリが1日1個卵を産んだとしたら、毎日卵が食べられる。

彼らがすごいのは、この卵を産むニワトリを10羽、１００羽と増やしていくことです。


仮にニワトリが１００羽いて、そのすべてが1日1個卵を産んだとしたら、このお金持ちは自分が食べる分1個を除き、残りの99個を売りに出せる。そこで得たお金で、さらにニワトリを買うのです。こうやってお金持ちはお金持ちになっていきます。

## ●お金持ちの方程式＝(収入－支出)×運用

お金を増やすには、簡単な方程式があるのをご存じですか？『お金持ちになれる黄金の羽根の拾い方』（幻冬舎）という本の中で、著者の橘玲氏は、こんな方程式を提示しています。

## お金＝（収入－支出）×運用

簡単にいえば、お給料から使った分を引いて、残りを運用したものが、あなたの手元に残るお金なのです。

だから、まずは稼ぎが一番重要。次に節約です。本書では、節約・貯金のプロにお願いして、その技術についてもたっぷりと語っていただきました。第2章でしっかりと学んでください。

方程式の中では、「運用」という言葉が少々わかりにくいかもしれませんね。これは、あなたが貯めたお金を増やすために、どんな形状にして回すか、という意味だととらえてください。上手に運用すれば、お金は増えるし、下手だと減る。この運用をプロに任せる形態があり、そのうち一番有名なものが「投資信託」です。

この辺は、執筆陣に投資信託のプロがいるのでじっくり学んでください。

### ●お金を増やすには、3つの段階を理解すること

本書には、お金のプロが11人登場し、それぞれの得意分野について説明していますが、ここ

ではまず、お金を増やすための基本を学んでおきましょう。

まず、知っておいていただきたいのは、

**お金を増やすのには順番があるということです。**

順番を間違えると、どんなに頑張ってもお金持ちにはなれないことを、肝に銘じておきましょう。

お金を増やすには、大きく分けて次の３つの段階があると思っています。

**①お金を貯めて元本を増やす時期**
**②まとまったお金で勝負する時期**
**③増やしたお金で安定運用する時期**

元本を増やすべきときに娯楽に興じて無駄遣いすれば、元本がいつまで経ってもできないので、勝負することはできません。勝負すべきときに勇気がなければ、お金を大きく増やすことはできません。

日本のサラリーマンの平均給与は400万円程ですから、貯金はできて年間100万円。これを23歳の新入社員のときから60歳の引退時まで続けても、3700万円にしかなりません。

これでは、子どもの教育費はおろか、老後のお金だって出せません。堅実に貯めたって、その間にインフレ（物価上昇）が起きてお金の価値が下がったら最悪です。

ですから本書では、積極的に攻めることをおすすめします（もちろんご自身のリスクでお願いしますが）。

ただ、もうすでにお金が十分にある方には、別の運用方法があると思います。安定的に増やせる金融商品を買い、税金をなるべく減らす方法を考えましょう（納税は大事ですが）。

## お金持ちの秘密システム「資産」を手に入れよう

皆さんがお金持ちになりたいなら、お金を貯めて価値ある「何か」に変える必要がある。

**この「何か」のことを「資産」と呼ぶわけです。**

「資産」について、世界的ベストセラー『金持ち父さん貧乏父さん』（筑摩書房）のロバート・キヨサキ氏は、こう語っています。

**「ポケットにお金を入れてくれるものが資産で、ポケットからお金を奪っていくものが負債だ」**

そう考えると、僕は2年ほど前にクルマを買いましたが、クルマは仕事で必要とする人でない限り、毎月保険料と駐車場代、ガソリン代、洗車代を奪っていく「負債」ですね。

マンションの住宅ローンも同様で、毎月ローンの返済があるのに、管理費と修繕積立金が追加でかかる。30年後に手に入ったときには、資産価値はほとんどなくなり、しかも家族サイズが変わっているから意味がありません。このように、

**「負債」の中には「資産」の顔をしているものがあるから、要注意です。**

先述の年収1000万円のサラリーマンは、「資産」といいながら、実は自宅やクルマなどの「負債」を買っているから、稼いでも、いっこうに豊かになれないのです。

お金を増やそうと思ったら、負債を避け、資産を増やさなければなりません。

資産について、先述のロバート・キヨサキ氏は『金持ち父さんのアンフェア・アドバンテージ』（筑摩書房）の中で、4つ紹介しています。

**資産その一：ビジネス**
**資産その二：不動産**
**資産その三：紙の資産**
**資産その四：コモディティ**

1つずつ説明していきましょう。

## 【ビジネス】

ビジネスというのは、あなた以外の誰かが回せる儲かるビジネスを作り、それをオーナーとして所有するということです。株式投資は、会社丸ごとではなく、部分的に会社を所有することを意味しています。

人間にとって必要なもので消費したらなくなるもの、ゆえにリピートするもの、マニュアル化して誰もがサービスを提供できるものであれば、長期で保有する価値があるでしょう。

世界一の投資家であるウォーレン・バフェット氏は、離れ小島から大陸に向けてかけられ、通行料がとれる橋があったら、それを買いたいといっています（消費者独占型企業）。

彼はこの考え方でコカ・コーラやアメリカンエキスプレスに投資して成功しました。

また、こうもいっています。

「愚か者でも経営できるビジネスに投資をしなさい。なぜなら、いつか必ず愚かな経営者が現れるからだ」

**個人の才覚ではなく、仕組みがよくできているビジネスに投資すれば儲かる、というのがこの「ビジネス」という資産で成功するポイントです。**

**【不動産】**

不動産は、衣食住の中で唯一、価値が保存できる商品です。必需品であるにもかかわらず、価値が保存できるとなったら、人気が出るのは当然です。

しかも、建物は劣化しますが、土地は特殊なケースを除いて劣化しません。このように、何千年経っても劣化しないのは、おそらく土地と金《きん》だけではないでしょうか。だからこそ、この2つは古来より、権力者に愛されてきたのです。

古代ギリシャのミケーネ文明では、権力者の面影を残すべく、金のデスマスクが作られましたが、その輝きはいまでも健在です。**世の中が不安定になれば、必ずといっていいほどこの不動産と金《きん》が伸びるわけです。**

**【紙の資産】**

これは、株式や債券、投資信託のことですが、ロバート・キヨサキ氏はこれらに対して否定的です。その理由は、「投資家はそれらに関わる収入、支出、資産、負債をコントロールする力をまったく持てない」からだといいます。

しかし、若くて知識や経験、資金が足りないうちはこういった商品で投資を学ぶ必要があります。

## 身銭を切って投資すると、企業の栄枯盛衰から、多くを学ぶことができます。

その知識がやがて、起業や大きな投資の際に役立つのです。まとまった資金を得たら、会社を所有するか不動産を所有するといいでしょう。

**【コモディティ】**

コモディティとは、商品先物取引所などで取引される商品のことで、原油やガス（エネルギー）、金・銀・プラチナ（貴金属）、小麦・大豆・とうもろこし（穀物）、銅・アルミ（非鉄金属）を指します。

コモディティは値段が上がったり下がったりしますが、預金のように金利がついたり、株式のように配当があったりしない（利殖《りしょく》しない）のが難点です。

とはいえ、インフレなどでお金の価値が下がり、モノの価値が上がれば、これらコモディティの価値は上がります。知っておいて損はないでしょう。

## これら4つの資産のうち、どれを持つべきか。

それは時代や皆さんの得意分野によっても違います。本書では、これらの資産のうち、一般投資家が知っておくべきポイントをそれぞれ専門家が語ってくれます。時代を見極め、いま必要とされているのはどんな資産なのか理解することで、お金をどーんと増やしましょう。

でも、大事なのはロバート・キヨサキ氏もいうように、「自分が理解できて、興味を持てる資産」。

## 成功する人は、自分がよく知らないものには投資しないのです。

どんな儲け話が来たとしても、この原則だけは守るようにしてください。

## ●「手っ取り早く儲ける」はなぜ間違いか

手っ取り早く儲ける、というのは魅力ですが、そういう心理に陥った場合、

# 人間は２つの過ちを犯すので、注意が必要です。

まずは、大きく伸びている金融資産に興味を持つ、ということ。

次に、リターンが小さい場合、元本を増やしたり、倍率を上げたりしてしまう（レバレッジをかける）ということです。

多くの方が、レバレッジをかけすぎたあまり、ＦＸで敗北しています。

**僕の周囲でも、１０００万円以上失った方が２人います。**ある方は、ＦＸで３億円儲けたことをネタに本を書いていたのに、負けてマイナス３億円になってしまいました。

いったん大きく資産が毀損《きそん》すると、いわゆる「ギャンブラー心理」が働きます。

ギャンブラー心理とは、「負けを一度の勝ちで取り返そうとする」心理です。大きく目減り

した資産を取り戻そうとするのですから、当然、勝負はギャンブル性が高くなります。
これで負けると、ずるずると借金地獄に陥ってしまうのです。

**だから、これは個人的な目安ですが、株などに投じる際、貯蓄額の「2割投資」をおすすめしています。**

仮に1000万円の貯金があったなら、そのうち200万円を投資するという考え方です。
これなら、仮に株で元本が半分になっても、全体から見たらお金が1割減って9割になっただけ。まじめに働いて取り返そうと思うレベルです。

しかも、2割投資しておいて仮に10倍になったら、お金が全体で3倍近くになったことになり、リスクを取った分の喜びも味わえるでしょう。

勝負する刺激としても、ちょうどいいくらいだと思います。

反対に、絶対やってはいけないのは、早期のリターンを求めるあまり元本をすべて投じてしまうことです。

あなたが働き始めたばかりの新入社員ならボーナスで勝負しても、来年取り返せるからいいですが、10年間コツコツ貯めてきた貯金をすべて失ったら立ち直れません。

# 投資金額は、自分が「働いて何年で取り返せるか」を目安にするといいと思います。

## 上がっている株を追うと、なぜ危ないか

たとえば、１００倍になる株があるとします。１００万円で買った株が1億円になる、ものすごい成長株です。わかりやすく、株価は１００円から1万円になるとしましょう。あなたが買ったのは1万株です。

１００円の段階では、まだ誰にも相手にされていない、いわゆる「大穴」ですが、これが注目され始めて、株価を上げてくる。**メディアで取り上げられる頃には、買い時はもう終わっています。**この株の末期の段階――１００円が５０００円になった段階では、この株はあとは2倍になる余地しかありません。

でも、あなたの周囲には１００万円を５０００万円にした、５０００万円を５０００万円にしたという人がいて、あなたに自慢話をするのです。

するとあなたは、すでに株価は５０００万円になっているのだけれど、10倍、50倍を狙いたくなる。そこで、うっかり元本を増やしてしまうのです。

この段階でお金を1000万円投資するのは、とても危険な行為です。それは、ものすごく目減りする可能性があるからです。

仮に株価が5000円から2500円に落ちれば、あなたが投資した1000万円は半分の500万円になってしまいます。でも、もともと100円で買っていた人は、半分の50円になることなんて、ほとんどないのです。だから、この人は株価が落ちても待つことができる。

## 結局、勝負なんて待てた人の勝ちです。

株を買うときには、小さな元本で大きく成長しそうな株を、まだ誰も注目していない時期に買う。これが正解です。

僕は、かつて勤めていたアマゾンでストックオプション（自社の株式が一定金額で買える権利）をもらいましたが、ITバブル崩壊後のどん底の時期に表彰社員になったので、7ドルでたくさんストックオプションをいただきました。

これはいま、420ドルを上回っています（2015年5月）。なんと60倍です。

在籍していないと保有し続けられませんから、僕が会社を辞めて株を売ったときには56ドル。8倍になりました。いまも会社にいたらと悔やまれます（笑）。

**株価が7ドルだった頃のアマゾンは、マスコミからものすごいバッシングを受けていました。株はやっぱりこういう時期に買うべきなんですね（笑）。**

知人で、病院経営をしていて年収1億円をキープしている方がいますが、彼が2001年のアメリカ同時多発テロのときの印象深い映像の話をしてくれました。

みんなが証券会社に駆けつけ、株を売ろうとしてパニック状態になっているところにおばあさんが現れて、割り込もうとする。それを制する人々に向かって、おばあさんはこう叫んだというのです。

## 「私は、買いに来たんだから！」

いいエピソードですね。

やはり、株を買うならみんなが投げ売りをしていて、でも確実に価値があると確信したときに買うといいのです。

## 投資には愛が必要

投資の鉄則とは何か。**それは、よちよち歩きのものに投資することです。**

サラリーマンにもかかわらず、現在の価値に換算して資産100億円を実現した明治の大富豪、本多静六氏は、世間に見捨てられた秩父の山林に投資しました。

彼が山林の専門家だったから、愛があったからこそできた投資です。『私の財産告白』（実業之日本社）という本に書かれていますが、この山林が70倍になったそうです。

愛が必要、という意味では、投資は子育てと同じです。ほとんどの人は10年、20年と子どもに投資をしています。将来どうなるかわからないものに、トータル1000万円（公立校に通った場合）～2000万円（私立校に通った場合）投資するのですから、はっきりいって正気の沙汰ではありません。

**あなたはなぜ、自分の子どもに投資するのですか。**

その気持ちで、何かの株を買えば、きっと面白いことが起こります。子どもに対する愛情の10分の1でいいから、愛情を注げる会社、商品、サービスに投資すれば、あなたは億万長者になる可能性がある、ということです。

よちよち歩きの子でも才能は見える。大事なのは、愛のある投資をすることです。

## 金のためにイヤなオトコと寝るような投資ではダメ。心から愛せる対象に投資してください。

多くの人は、人間でいえば大会社の会長でもうじき引退という人（企業・事業）に投資しがちですが、小学生に投資しなければ、大きく成長することはありません。

小学生で才能がわかるのか、と反論がきそうですね。でも、イチローやテニスのジョコビッチがそうだったように、小学生ぐらいになるともう夢を語れます（なぜか2人とも6歳で夢を語っています）。

経営者の語る夢が現実になるのかどうか。ここを見極められればよい投資ができるはずです。

見極めるべきは、次の4点です。

①その経営者の夢が多くの人を幸せにしそうかどうか（ビジョン）
②夢の実現過程は現実的かどうか（戦略と実行）
③その経営者よりも人々を幸せにしそうな人は他にいないか（代替品や競合の有無）
④夢が実現した場合、利益はどこまで伸びるのか（これをもとに株価を算定）

細かいことがわからなくても、経営者がしっかりしていれば、企業は伸びます。

仮に、将来有望だと思った予測が外れても、会社は何らかの事業を探していくものです。ミクシィがゲームをやって成功したように、野菜ビジネスで評判を落としたファーストリテイリング（ユニクロ）が大成功したように、社長がそれなりの人だったら、最終的には成功するものです。

## 投資は、人にするのが正解です。

株は市場に参加できる投票権みたいなものです。

たとえば、ゲームが好きな人だったら、もっと面白いゲームを作るお手伝いができる。健康な食品が欲しいと思っているなら、健康な食品を作っている会社に投資する。自分の親をガンで亡くしたのだったら、ガンの特効薬を研究している会社に投資すればいい。

僕は自分が仕事でやってきたゲームと本に投資して、幸運に恵まれました。

だから難しいことは必要ない。

## 自分がわかっているものにだけ、投資すればいいんです。

そうすれば、「これから上がる株」に投資できる。プロを出し抜くことができるということです。

## 「かけ算」のシステムを持たないと、結局豊かにはなれない

ロバート・キヨサキ氏はまた、著書『金持ち父さんのキャッシュフロー・クワドラント』（筑摩書房）の中で、「キャッシュフロー・クワドラント」という考え方を紹介しています。

これは、稼ぎ方を「Employee（従業員）」、「Self-Employed（自営業）」、「Business Owner（ビジネス・オーナー）」、「Investor（投資家）」に分ける考え方で、EからIに向かって、経済的自由が高まることを示していました。

**ロバート・キヨサキ氏によると、真の経済的自由人を目指すなら、「ビジネス・オーナー」か「投資家」にならなければいけない。**

**それはおそらく、この2つがかけ算のシステムを持っているからだと思います。**

「従業員」と「自営業」がなぜ豊かになれないかというと、自分という唯一の資源を使って稼ごうとしているから。一方で「ビジネス・オーナー」は他人の力を使い、「投資家」は他人の

## ロバート・キヨサキ氏の語る「真の経済的自由人」とは

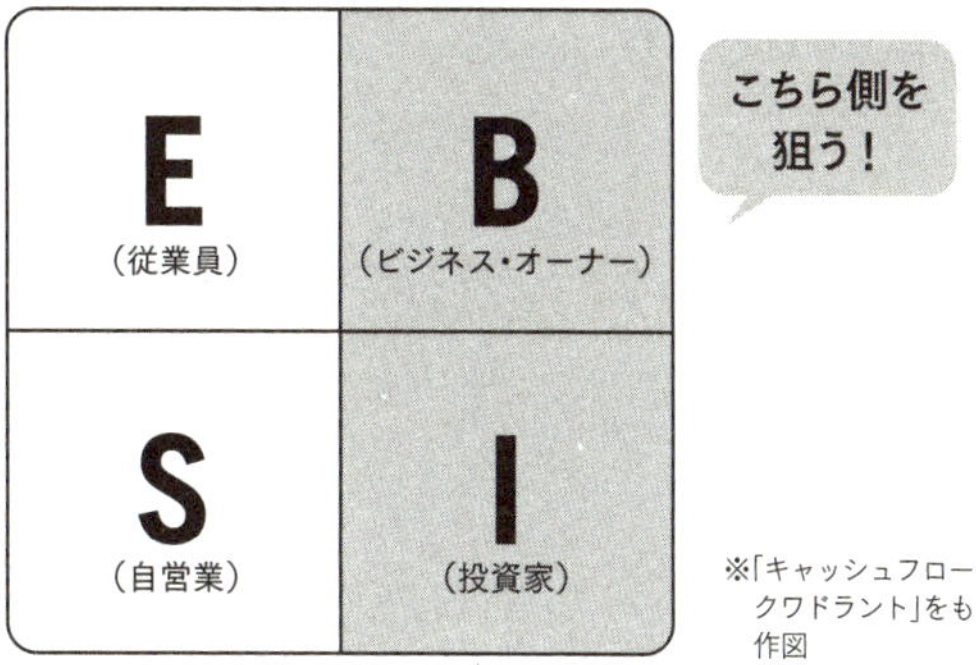


※「キャッシュフロー・クワドラント」をもとに作図

ビジネスを使って稼ごうとします。

**自分の身体を使わないから無限に稼げるのです。**

だから、「従業員」と「自営業」で稼ごうとしたら、成果報酬型の仕事をしなければならない。株式のトレーダーや保険セールスマンなら年収1億円超も可能です。お医者さんでも、年収３０００万円の人と1億円の人の違いは、複数のドクターを使い、病院を経営をしているかどうかです。

## 人を使えない人は豊かになっていません。

多くの人は高給取りを目指しますが、時給を上げていく考え方では限界があります。

**時給が高い仕事の代表は銀座のホステスでしょうが、**

**彼女たちが稼げるのは成果報酬型だからです。**

それでも、自分の身体・時間という制約がある。

その点、先日テレビで見てすごいと思ったのはチャットレディという仕事です。

これは、ライブチャットで、動画・画像・音声・テキストなどを使って、男性と会話する女性のことらしいのですが、彼女たちは同時に複数の男性を相手にするため、時給1万8000円という驚異的な稼ぎを実現しています。あ、だからといって推奨しているわけではないのですが（笑）。

理解してほしいのは、かけ算の仕組みがあるシステムを手に入れるとお金が稼げるという事実なのです。

僕がやっている出版のビジネスは、かけ算が利くビジネスです。著者の本が売れれば、それに応じて印税が入ります。もしあなたが著者で、100万部を実現したなら、約1億円の印税を手にすることができます。

書く手間は一緒なのに、売れ行きが100倍違えば、100倍収入に違いが出るのです。

## このかけ算の仕組みを持っていたら、サラリーマン・OLをやりながらだって稼げる。

株を持つことに恐怖を感じるサラリーマン・OLが多いですが、株を持つということは、会社の一部を所有することを意味します。つまり、働きながらビジネスを所有できるのです。皆さん株価の上下に一喜一憂しますが、ビジネスを所有すると思ったら、大事なのは株価ではありません。

## 自分が払ったお金に対して、どれだけの配当が毎年あるかです。

株には毎年、配当金というものが支払われます。日本企業はまだまだその額が小さいのですが、外国株だと4～5％あるものもあります。事実、インドネシア株などは、配当金が大きく、僕も投資して毎年4％ぐらいの配当金を受け取っています。

投資をする際、あるいはどこかに就職する際でも、かけ算を知ることは有効です。

僕が独立するときに、ベストセラー作家でお金の専門家、本田健さんにいわれたことをご紹介しましょう。

## 「実は、アマゾンを辞めて独立しようと考えているんです」

赤坂の中華料理屋の個室で、独立の話を切り出すと、本田さんはこうおっしゃいました。

「いいんじゃないですか。土井さんだったら、きっとうまくいきますよ。まずは教育の講座から始めてみるのもいいと思います。たとえば、30万円の講座を年間100人が受講すれば、3000万円の売上げになります。土井さんの力があれば、一生経済的に困ることはないと思います」


この会話からわかるように、本田さんはかけ算がわかっている人です。

**かけ算をどうするかというのが、その人のセンスだと僕は思っています。**

「30万円×100」が得意な人と、「100円×30万」が得意な人がいます。

ダイソー（株式会社大創産業）の2014年度の売上高は3763億円ですから、100円のものを30万個どころか、37億6300万個も売っている。

ダイソーの社長は、100円のものを大量に売るのが得意なわけです。

## 資本主義は、得意なかけ算を見つけた人の勝ち。

僕はこう思っています。かけ算が、株の人もいれば、東野圭吾氏や百田尚樹氏みたいに印税の人もいます。

百田氏がなぜ脚本家から著者に転身したかというと、脚本家は「1本なんぼ」の世界で、かけ算が利かないからだと思います。

出版業界でも、ライターと著者では収入に大きな違いがあります。ライターでたくさん稼いでいる人がいるとしたら、ゴーストライターとして印税収入を得ているか、著者として本を書いていているかどちらかです。

著者になると、「印税×講演×講演CD」のようにかけ算が利いて金持ちになっていける。

有川真由美さんはもともとライターでしたが、『感情の整理ができる女《ひと》は、うまくいく』（PHP研究所）などのヒット作を出して累計100万部の著者になりました。いまは「印税×講演」のかけ算で稼いでいます。

どんな職業でも、かけ算のシステムを持てるかどうかが稼ぎには重要だということです。

## ●経営者の「ズルいやり方」を学べば、サラリーマンでもお金持ちになれる

しばらく攻めの話ばかりをしたので、ここで守りの話をしましょう。

支出を減らす、税金を減らすことの重要性についてです。

これに関しては本編でもお話ししますが、

**サラリーマンであっても会社を設立して、お金を使わないシステムを持つことです。**

以前、『なぜ、社長のベンツは４ドアなのか？』（フォレスト出版）という本がベストセラーになりましたが、確かに社長はズルいシステムを持っています。

それは、節約・節税のシステムです。

**「社長はこんなにズルをしている」というのは、本書でお伝えしたいことのひとつです。**

なぜ会社を持つことが節約につながるのか？

１つは、法人価格でモノが買えるからです。

レンタカーでも家具でも文房具でも、世の中には「法人価格」というものが存在しています。

**モノには表の値段と裏の値段があるのです。**

どれぐらい安く買えるかというと、うちのオフィスで使っているセミナー用の椅子の場合、１脚あたり一般価格６万円が、法人価格で３万円以下で買えました。

さらに、

## 会社を持つことでもっとも大きいのは、合法的に節税ができる

ことです。

サラリーマン・ＯＬの場合、使えるお金は税金を引かれた後のいわゆる「手取り」ですが、経営者になると、税引前のお金を使って給料は経費にできる。大きな違いです。

**具体的に、１０００円のランチを食べるケースを考えてみましょう。**

サラリーマンの場合、自分の給料から1０００円払いますから、１０００円は1０００円です。いや、給料というのは所得税を源泉徴収された後のお金ですから、このランチには1０００円以上かかっています。

しかし、経営者の場合、ランチに払った１０００円は経費にできて、税金相当額の３４０円が節税できる。つまり、

**１０００円のランチは、経営者にとっては６６０円なのです。**

この場合、ランチだから消えてなくなりますが、モノによっては節税できた上に、価値が残り、あとからキャッシュに変えられるものもあります。クルマや家電、不動産などです。

**節税できた上に、価値が残れば、うれしいですよね。**

なぜ会社を持つべきなのか。それはモノを安く買うため、そして節税のためです。

だから、これからの時代は、サラリーマンでも会社を持つ、あるいは副業を持つべきなのです。

## ●不安のない人生を生きるには、どうすればいいのか

人間は、持っている資源をめいっぱい活かして生きるべきだと思います。だから自分が身を削って生み出したお金が何も生んでいない状態、放置している状態はおかしい。お金が減ったらイヤだと思う人はたくさんいます。でも、それは僕にはよくわからない感覚です。

だって、人間は最後は皆死にますよね。死ぬってことは、最後ゼロになること。そこでいくらお金を持っていても仕方ありません。

**われわれが目的とするのは、人生の満足の最大化や社会への貢献であって、お金を増やすことではありません。**

「親の介護に莫大なお金がかかる。自分の老後のこともある。それが不安でお金を貯めておかなければいけない」とおっしゃる方もたくさんいます。介護費用で月30万円が飛んでいく、親にはもう死んでくれというしかないと。

でも、それは発想自体が間違っています。

**どれだけお金を貯めても、不安が消えることはありません。**80歳で亡くなると思っていた親が100歳まで生きたら、確保していたお金では到底賄えません。

一番いいのは親が死ぬまで働けるようにしてあげること。

**そして、自分自身が年をとっても**
**お金が入ってくる仕組みをつくることです。**

本書では、その仕組みの作り方をマネーのプロが総力を結集して教えます。

**資産１億円を築くお金の教科書。**
**さあ、その扉を開いてみてください。**

## お金持ちに
## なるための
## 4つのルール

＊「年収」よりも「資産」が大事

＊貯めたら一定の範囲内で大胆に勝負をかける

＊サラリーマンでも節税できる仕組みを持つ

＊リスクのない借金をする

# 第2章

【貯蓄】

# まずは300万円をアグレッシブに貯める

**横山光昭**（よこやま　みつあき）

家計再生コンサルタント

株式会社マイエフピー代表取締役社長。家計の借金・ローンを中心に、盲点を探りながら抜本的解決、確実な再生を目指す。個別の相談・指導では独自の貯金プログラムを活かし、リバウンドのない再生と飛躍を実現、これまで8000人以上の赤字家計を再生した。

独自の貯金法などを紹介した『年収200万円からの貯金生活宣言』（ディスカヴァー・トゥエンティワン）など著書も多数。

全国の読者や依頼者から共感や応援の声が集まる、庶民派ファイナンシャルプランナー。

# ワクワクする節約で300万円貯めよう!

どんなお金持ちも、最初からお金持ちだったわけではありません。

「経営の神様」松下幸之助氏だって、最初は丁稚奉公でした。

明治の大富豪だった本多静六氏は、収入の4分の1を天引き貯金して、最終的にこれを100億円にまで伸ばしています。

将来お金持ちになろうと思ったら、やはり勤倹貯蓄は大事です。

ただ、そのためにあまり無理をしても反動が来ますので、ここでは現実的なアドバイスをしておきましょう。

ベストセラー『年収200万円からの貯金生活宣言』の著者、横山光昭さんがこの章で具体的節約術を教えてくれます。

無理なく節約するためのポイントは、2つあります。

1つは、横山さんが提唱しているように、固定費を大幅カットすること。

固定費というのは、家賃や携帯電話の基本料など、毎月固定的にかかるものです。

この固定費をカットする、あるいは流動費化するだけで、ラクに節約ができます。
これまで所有していたクルマを売ってレンタカーに変えるなどは、好例です。
資産価値のある住宅をお持ちの方なら、思い切って住宅を売るか賃貸に回して、
住むのは安い賃貸に切り替えるのも賢明なやり方です。
そもそも、日本の家庭はなぜか家族サイズが最大になった時点で、
3LDK～4LDKの家を買いますから、
子どもが巣立った後は、ムダなスペースが残ります。
子どもがいるうちは、家族サイズの増減や急な勤務先変更に対応できる賃貸で暮らし、
やがて夫婦の賃金がなくなったタイミングで、
小さなマンションなり一戸建てなりを買えば、合理的です。
次に比較的うまくいくのは、やりたいことはそのままに、頻度を減らすことです。
ホテルのランチでも喫茶でも、回数だけ減らして、思いっきり楽しんでください。
無理なく出費を減らし、ワクワクする未来を作る節約の世界に出発しましょう。

土井英司

# 「収入の範囲内」で生活していますか？

## まずは３００万円を貯める

将来お金持ちになろうと思ったら、やはり勤倹貯蓄は大事。

まず３００万円を貯めることを本書では提唱します。

**貯め方もケチケチ系の節約でなく、アグレッシブに貯めていきましょう。**

そのために、まずは家計の収支（ポートフォリオ）を見直します。

## 月収30万円なら毎月「６分の１」の５万円を貯金する

**「収入のうち、どの程度貯金に回せばいいのか」とよく聞かれます。**

20％あるいは25％といった説がありますが、現場で相談に乗っている立場からすると、簡単に20％貯めることなどできるわけがありません。

月収が30万円だとして、20％なら毎月６万円を貯金。ハードルはかなり高いのです。

# 20％には届きませんが、収入の6分の1。

小数点2位以下を四捨五入すれば、16・7％を当面の目標にしてほしい、と私は説明しています。**あくまで月収ベースで、ボーナスは一切考えなくてOK。**頑張り次第でクリアできるのがこの水準だと思います。

**ただし結婚後はこの比率がどうしても下がってしまいます。**

そう考えると、なるべく若い独身のうちに6分の1程度を貯めることを目指しましょう。

## 「月収6カ月分」の貯金を確保しよう

**「貯金はどのくらい持っていたほうがいいのか」という質問も頻繁に受けます。**

リストラの対象になったり、病気をしたりといったピンチに直面したとき、うまく乗り越えるためにはやはり、先立つものが必要です。

経験則に基づくと、金額の目安はだいたい月収6カ月分です。たとえ、給料が上昇しても、その一方で生活コストもふくらみます。

だから、絶対金額ではなく、「月収6カ月分」というベースで考えたほうがいいのです。

● 「年収の半分以上のお金」を貯める。それを上回った額が投資資金

# 月収の「6分の1」を貯金に回せば、3年で貯金は年収の半分に達する計算です。

月収30万円ならば、毎月の貯金額は5万円。これを3年間、つまり、36カ月続けると合計額は180万円。年収（＝30万円×12カ月）の2分の1というわけです。

年収の半分程度の貯金を保有すること。それがお金を貯めるベースになります。

運用はこの6カ月分の貯金を除いた額で考えます。余裕資金を振り向けるのが原則です。

**虎の子のお金を運用に回し、増減に一喜一憂するのは非常に愚かです。**そうした投資に力を注ぐのならば、自分への投資に回したほうがいいでしょう。

● **投資に回すのは「あふれたお金」**

投資の原資が貯まらないうちは投資信託などの購入が絶対ダメというわけではありません。

例外的に勉強の意味合いで資金を振り向けるのならば、それでも構いません。
ただ、あくまでも貯金の延長線上で対応すべきです。まずは貯金し、そこからあふれた額を投資に回す。それが基本のスタンスです。

## 家計の赤字はジワジワふくらんでいく

家計で赤字を出す人には、ジワジワと損失をふくらませてしまうタイプが多く見られます。

**いきなりドスンとくるのではなく、どんな浪費家でも最初は緩やかなものです。**

徐々に支出がかさんでいきます。

**クレジットカードで買い物しすぎたといったことが引き金になり、感覚がマヒしてきます。**
モノの価値判断ができず、赤字がふくらんでしまっても後戻りが不可能になるのです。

## お金が貯まる唯一のルール

これに対して、お金を貯めることができる人は、

**「収入の範囲内で生活する」**

というスタンスを徹底しています。当たり前の話ですが、ただ、それだけのことなのです。手取りベースの月収が20万円以下でも毎月3万〜5万円をコツコツと貯金に回し、気がついたら1000万円といったケースも珍しくはありません。

# 「3つの財布」でお金とつき合おう

## 「3つの財布」を用意する

お金とのつき合い方は「使う」「貯める」「増やす」の3つです。

- **使う＝生活費**
- **貯める＝何かあったときに備えた貯金**
- **増やす＝投資**

それぞれ3つの財布を用意していきます。

たとえば、**月収30万円の場合、金融機関に生活費のみの口座を開設し、まずそこに月収の1・5倍の45万円のお金を入れます。**口座はいつでも引き出せるよう普通預金で構いません。

この生活費の口座とは別に「預貯金」の口座も作ります。ふだんは使わずに取っておくお金という位置づけです。「預貯金」は前の項目で説明したように、最低でも月収の6カ月分の180万円は残しておきたいものです。

## なぜ、生活費と預貯金用は別々の口座が望ましいのか。

それは、別々の口座にしておかないと、区別がつかなくなる可能性があるからです。本来貯めておくべきお金（ここでいえば最低180万円）が増えているのか、あるいは減っているのかがよくわからなくなってしまうからです。

### ●生活費の口座にクッション

生活費の口座には45万円入っていても、月収分である30万円以内での生活を心掛けます。差し引き15万円分はあくまでも〝クッション〟です。「洗濯機が壊れた」「急に帰省しなければならなくなった」といったときに、このクッションを使うのです。

## 必要なのか？　欲しいのか？

お金は何のために使うのかを考えるのが重要です。それには、

①自分のためなのか
②生活するためなのか
③浪費なのか

といったことを整理する必要があります。
米国の金融教育の現場では、「ニーズとウォンツ」を徹底して教えています。つまり、「必要なのか」それとも「欲しいのか」をはっきり認識させた上で、お金の使い方を考えさせようという教育です。

**欲しいからお金を使うのか、必要だからお金を使うのか。**

お金持ちになるためには、そうした思考力を身につけることも大切です。

### 共働きなら財布は合体させて妻が握る

夫婦共働きの家庭にも「3つの財布」はそのまま当てはまります。

月収が2人合わせて50万円だとしたら、生活費の口座には月収の1・5倍の75万円を入れます。「預貯金」は月収の6カ月分の300万円が必要、という考え方が原則です。

## 実は、お互いの収入をよく知らない夫婦は多いです。

「別会計」にして自由に使える「隠し金」を持とうとするカップルもたくさんいます。

会計を一緒にすることに抵抗がある方も多いでしょうが、「実は借金があった」というケースもあります。基本的にはやはり、1つに合体させた上で、妻が管理するのが理想でしょう。

ただ、妻に「丸投げ」してしまうと、夫は小遣い制で「自分が働いて得たお金なのに取られてしまった」とブツブツいいがち。夫をいかに巻き込んでいくのかが、重要なポイントです。

### 把握力が高い女性、判断力が高い男性

妻が管理したほうがいいのは、直面するお金の動きなどを把握することに多くの女性が長《た》けているからです。これに対して、男性はそれを将来、どのように使うのかといった判断の面で一日の長があります。

役割分担をして妻が上手に夫を巻き込む。そうした関係を築き上げるよう努力しましょう。

## 「消費70％、浪費5％、投資25％」が黄金比率

「消費、浪費、投資」で使い方を見ることを、「３つのモノサシ」といいます。

その理想的な割合は「消費が70％、浪費が5％、投資が25％」。このうち、「投資」には貯金も含まれています。

「投資」は5分の3を貯金、5分の2を自己投資に回すのがベストです。貯金はいわば、「守り」の投資です。

ただ、守り一方ではなく、攻めの投資も必要です。それが「自己投資」になります。本を読む。習い事をする。そうしたことへの投資も含め、全体で25％。

そして、5％を浪費に回すことを皆さんに提案します。

● 上手にムダをするとお金も貯まりやすくなる

# 月収30万円ならば、浪費するのは1万5000円。

浪費をゼロに抑えようとする人もいますが、まずは5％の浪費を実践してみましょう。

## 貯蓄に成功している家庭は、手の抜きどころを知っています。

ここはゆる〜くしても構わない、あるいは無駄をしてもいいと判断する一方で、そうした無駄も〝予算〟にしっかり反映させているのです。

だから、浪費する際には予算を決めるのが大事。浪費しすぎたために、貯金へ回すお金が少なくなったら本末転倒です。

# 今日からできる！固定費を減らすテクニック

## 生命保険、ローンや借金の固定費圧縮で「消費」70％キープ

「投資」と「浪費」の計30％の割合は何とか維持をしたいもの。

あとは「消費」の70％をいかに安定させるかが「貯める」という目標達成のカギになります。

70％をキープするためには、生命保険、ローンや借金、公共料金などの毎月決まって出ていく一定額のお金＝「固定費」の圧縮が必要です。

**毎月決まって出ていくお金の無駄を、徹底的に排除していきましょう。**

## 人生で2番目に高い買い物は？

ところで、「人生で一番高い買い物は？」と聞かれたら、あなたはなんと答えますか？

「住宅」と答える方がほとんどでしょう。

## では、人生で2番目に高価な買い物は？

それが生命保険なのです。だからこそ、生命保険の無駄をカットすることが家計に直結します。これに関しては、第8章で触れていきます。

### ●「期間」「金利支払い負担」「金額」の3つを減らす

住宅ローンでいえば、何千万円の家を購入するわけですから、借り入れ負担もずっしりと重くなります。ここでかかる金利や手数料などは無駄な支出です。あなたがもうローンを組んでいるならば、できるだけ早く低金利の商品に乗り換えるなどして支払い負担を抑えましょう。

**ローンや借金では、「期間」「金利支払い負担」「金額」の3つを減らしていくことを考えます。**

### ●住宅ローンの返済は月収の25％が理想

物件の購入に際しては、頭金をできるだけ多く入れることです。

本来は購入金額の半分程度を頭金で賄いたいところですが、それが難しければ2割程度、と私はアドバイスしています。3000万円の物件ならば、600万円が頭金で、残りが住宅ローンなどで対応することになります。

住宅ローンの返済額は月収の25％が理想です。


**あなたの月収が30万円であれば、７万５０００円。**

「ボーダーラインは35％」といった話もありますが、それではそもそも金融機関で融資の審査が通りません。

## ライフスタイルが定まってからマイホームを買う

「早くマイホームが欲しい」と思う方もいるでしょうが、焦らずに「頭金を作ってから」といった姿勢で臨んでください。

そのぐらいの余裕を持っていないと、金融機関などに「足元をすくわれる」可能性もあります。共働きの頃はローンもちゃんと払えていたのに、妻が妊娠で産休に入ったとたん、支払いが難しくなった、といったことにもなりかねません。

さらに、本書の提言としては、

## ライフスタイルが定まってからマイホームを購入することをおすすめします。

子どもが小さいときに４ＬＤＫのマイホームを買った、しかし最終的に子どもが独立して夫婦ふたりで住むにはそのサイズでは大きすぎる。こうしたことも、人生の無駄の１つです。

### ●月払いのものは年払いに変更

保険、ローンに続き、固定費見直しの３つ目の対象は「公共料金」です。

電気はアンペア数が合っているかどうかを確認します。使い方次第では契約アンペアを下げることで、節約効果が期待できます。

水道の出しっ放しにも注意します。水道代はとかく、あまりお金がかからないとの意識が働きがちです。**でも、気をつければ、金額面では少なくても節約が可能です。**

支払い方法も見直しの余地がないか検討してみましょう。**口座振り替えにしたり、月払いから年払いに変更したりすることで割引になることもあります。**請求書明細もウェブサービスに変えると、支払いが従来よりも少なくて済むようになります。

## 格安ＳＩＭでスマホの通信費が下がる

４つ目が通信費です。

**携帯電話では、大手キャリアよりもはるかに安い月額料金でスマートフォンが使える「格安携帯電話サービス」があります。**これは、顧客識別のカードである「ＳＩＭカード」を本体に差し込むことで利用が可能になります。

ただ、「格安スマホ」にも、海外製のＳＩＭフリースマートフォンでは日本国内のＬＴＥに対応しないモデルがあるなどデメリットもあります。それらを考慮した上で、利用を検討しましょう。

## スマホのテザリングで毎月数千円単位の節約効果

自宅で使うインターネットプロバイダの料金も節約可能です。自宅に固定電話があり、インターネット環境も整っているのに、携帯でもパケット代がかなりかかっているのはもったいないでしょう。どちらを優先して使うかを決め、ネット代金をできるだけ一本にまとめるなどすれば毎月、数千円単位の節約効果があります。

たとえば、「テザリング」と呼ばれる機能の利用は１つの方法です。携帯の機種をテザリング対応のスマートフォンへ変更し、ネットへの接続を一本化すれば、ネット料金が安くなります。

## ●「話し放題」は本当に必要？

家族間の通話であれば、携帯電話のキャリアを同じにして無料の家族通話サービスを利用します。ネット通話ソフトの「Ｓｋｙｐｅ（スカイプ）」を活用する手もあります。

また、「話し放題」といったサービスを契約したものの、通話はほとんどなし――これに心当たりのある方もいるでしょう。今一度、無駄がないかどうかよく見直してください。

## ●あなたは大丈夫？　無駄な固定支出のワースト10

ちなみに、無駄な固定支出の〝ワースト10〟は次の通りです。見直せるものはすぐにでも取りかかりましょう。

# ①無駄な会話やメールの元になる携帯電話代

**②意味のない飲み会などの交際費**

③ぜいたくなまでの食費

**④保障内容も知らない高額な生命保険料**

⑤不健康の元になるたばこ、酒

⑥近所をうろつくためだけのクルマのローン、維持費

**⑦意味のない飲み会の帰りのタクシー**

⑧毎日の高カロリーの外食、ランチ

**⑨自分の口座なのに引き出すたびに取られるＡＴＭ手数料**

**⑩惰性で買うマンガや雑誌**

## 今日からできる！流動費を減らすテクニック

### カギは食費と日用品の出費

ただ、固定費の削減には限界があります。となると、

**「流動費」のコントロールも大事です。**

これも「消費」の70％維持のカギになります。

家計での流動費とは、**食費や医療費、衣服費、交際費、ガソリン代など出ていく金額が月によって流動的なお金**のことです。

住居費、光熱費などはコントロールしやすいものです。というのも毎月1回、必ず支払い期日が到来するからです。それに合わせて他の出費を調整すれば済みます。

ところが、食費や日用品への出費となるとそうはいきません。1日1回あるいは2日に1回

といった頻度で発生するので、**知らない間に使いすぎていることもよくあります。**

### 使うお金は1週間単位で管理する

たとえば、あなたが10万円の食費を月初めに渡されたとします。これを、1カ月の中で均等に振り分けて使っていくことはかなり難しいでしょう。

「1カ月で使いなさい」といわれたら、気が大きくなって、最初の1週間で多く使ってしまい、週を追うごとに切り詰めて生活するといったパターンが一般的です。

その際、

## 10万円を5週に分けて「1週間に2万円ずつ」

といった具合に、使えるお金を決めていけば使いすぎを防止できます。

### 短い期間で調整していくのがポイント

2万円の予算に対して、今週は1万8000円で食費を抑えられたとします。残りの2000円は翌週に持ち越してもいいし、貯金に回しても構いません。逆に、2万5000円使ってしまったら、翌週は1万5000円で済ませます。
このように、**使いすぎは次の週で調整することをルールにします。**
そこを上手にやり繰りすることが流動費を減らす最大のポイントです。

## ダイエットと同じで、増えた分はすぐに減らしていく。

1週間といった短めの期間で見ていくのが有効です。

### お金に関して「ドM」になる

支出の管理をするときに悩ましいのがクレジットカード利用時の支払いです。物品を購入しても支出は先。しかも、分割払いか一括払いかによって1回当たりの支出金額やタイミングも異なります。

**クレジットカードのポイントなどを上手に活用するのは節約術の1つの方法ですが、支出の管理は面倒になります。**

現金で支払うことによる「痛み」も感じたいため、

# 私は個人的にはカードを保有していません。

痛みを感じたいと「ドM」になることも、お金を貯める極意かもしれませんね（笑）。カード利用で付与されたポイントを使って賢く買い物ができる人もいるでしょう。それが可能ならば、そうしたほうがいいのは当然です。

でも、カード利用には向き、不向きがあります。ポイントが貯まっていても、手元の現金をひたすら使ってしまう人もいます。**持っているのが当たり前ではなく、自分の性格なども考えてカードを所持するか否かを決めましょう。**

## ご祝儀などは別予算に組み込んで

結婚式のご祝儀などイレギュラーな出費も見過ごせません。その場合、先に説明した生活費の口座に確保してある〝クッション〟のお金を使いましょう。

毎月の給料から捻出する作戦もありますが、その月が赤字（月収を上回った支出）になってしまう可能性もあります。**流動費の削減では、損失を出さないのが大事です。そのためには、「別予算」として考えておくのが望ましいでしょう。**

固定費を抑えつつ、いかにモチベーションを落とさないよう流動費を管理するのか。モチベーションの維持は重要です。

**「節約したいなら、質ではなく、頻度を下げる。ガマンできるぐらい、ワクワクするものを買う」**

これも長く続くポイントです。

### ●子どもの医療費の助成制度を活用する

**突発的に発生する出費の額をできるだけ減らすよう準備しておくことも大事です。**

たとえば、子どもの医療費。東京都内の23区では現在、すべての区で子ども医療費助成制度を設けており、所得制限なしで中学3年生までの医療費がほぼ無料です。少子化対策の一環として各区とも力を入れています。千代田区と北区では高校3年生までが対象です。

各自治体それぞれに制度は異なるので、あなたが住んでいる地区で有利な制度はないかインターネットなどで探してみましょう。

## 保育料も差が大きい

保育料の支払いも地域によってバラつきがあります。認可保育園と認可外の保育園でも違います。認可保育園の保険料は保護者の収入によって決まりますが、認可外の保育園は園側が独自に定めています。

いわゆる待機児童も大きな問題です。認可保育園に申し込みをしても、定員制限などで入園できない例が後を絶ちません。横浜市は２０１３年に「待機児童ゼロ」を達成しましたが、２年連続の「ゼロ」はなりませんでした。**ゼロを達成したのが呼び水となって、入園希望者が殺到してしまったためです。**

待機児童の多い地域へ住めば、子どもの保育でより多くの支出を余儀なくされることもあるかもしれません。**行政のサービスは自治体ごとに格差があります。**「アグレッシブに貯める」のであれば、

**どこに住むかも重要なポイントです。**

## 子どもが私立理系の大学に進学したら1000万円以上

多くの家庭にとって悩みの種が子どもの教育費です。
大学生にかかる教育費は、

**私立文系は、自宅通学で約692万円、**
**下宿で約975万円。**
**私立理系は、自宅通学で約822万円、**
**下宿で約1105万円。**

というデータがあります（セールス手帖社保険FPS研究所「ライフプランデータ集」／2015年版）。

私の子どもは私立理系に通っていますが、実際、これだけの教育費がかかっています。国立大でも何百万円と学費がかかる時代になりました。**私立大学の薬学部では4年制から6年制へ移行されたのに伴い、「学費の支払いができない」という家庭の事情で中途退学する学生が増えているといいます。**

奨学金も受給者の世帯収入が上昇しているそうです。「苦学生が受け取る」といったイメージはすでに過去のものです。

もちろん、小学校、中学、高校も教育費はかかります。1人の子どもにかかる教育費だけで、1000万〜2000万円は必要になるのです。

## ●教育費は別予算で考える

教育費も基本的にはふだんの生活費や貯蓄とは別の「予算」で対応しましょう。将来、どのタイミングで入学金などの支払いがかさむのかを想定してください。あらかじめ蓄えていた部分を教育費に回します。さらに、**学資保険も活用していきましょう。**これは第8章で紹介します。

# お金がぐんぐん貯まる「お金のノート」の書き方

## 家計簿をつける最大のメリット

「家計簿をつけたほうがいいですか」。セミナーや講演会でよく聞かれる質問です。

一般論としていえば、「家計の実態を理解する」「日々のお金の動きを把握する」といった意味でつけたほうがいいでしょう。最低でも3カ月は続けたいものです。

そうすることで、お金の流れを感覚的につかむことができます。「給料が出たら調子に乗って結構使ってしまっているな」といったこともわかります。世間には、

**「理由がよくわからないんだけど、お金がなくなっていくんだよね」**

と思っている人たちがとても多いように思います。それだけに、家計簿をつけるのは効果的といえます。

## ざっくりでＯＫ。大事なのは続けること

ただ、「まじめすぎる」のは考えもの。**場合によっては、何十円単位まで細かく記入する人もいますが、そこまでやる必要はないと思います。**

「友達と夜、食事をしてきた。この費用は交際費なのか、それとも食費なのか……」。そう悩む人もいます。でも、そんなことはどうでもいいのです。

「何十円狂っているけどどうしよう」なんて気にしなくて構いません。食費にしても明細まではいりません。「豆腐がいくら、魚がいくら、肉はいくら」といったレベルまで細かく書く必要はないでしょう。「全部でいくら」という総額だけで十分です。

**「ゆる〜く書く。でも３カ月は続ける」。これが一番です。**

## ●「3つのモノサシ」の割合がわかればOK

実は、私自身は「家計簿」という言葉自体が堅苦しくてあまり好きになれません。「お金のノートに記入する」と、気軽に受け止めておけばいいでしょう。

前述の「消費」「浪費」「投資」の割合を押さえておけばOK。

何かを買ったらレシートを3つに分けておきます。毎月決められた日に合算するだけ。そして、「70％：5％：25％」の配分に近い結果になったかをチェックしてみましょう。

## ●お金を自分のために使えることも大事

私が、実際に多くの方と接して感じるのは、「消費」が全体の90％で「浪費」が10％、あるいは「消費」が95％で「浪費」が5％、そして、いずれも「投資」がゼロ……という方が意外と多いということです。

こうした方がお金を貯めているかというと、実はそうでもないケースが少なくありません。

むしろ、**自分への投資を怠ると、成長がない**ように思います。

変化がなく、自身の成長も望めない。お金を自分のために使えるかどうかはとても重要です。必ずというわけではないですが、投資をしていれば芽の出る可能性が高いのです。

### お金のことだけでなく、気持ちも書き留める

家計簿には無駄を見つけ出す効用があります。それはとても重要なことですが、

**肝心なのは、「お金をどう使っているか」を意識することです。**


数字だけでなく、思ったことを書き留めておくのも意外に役立つことがあります。

そのときにどう考えていたのか。どう思ったのか。

**そうした人としての生きざままで描かれているのが最高の家計簿ではないでしょうか。**

家計簿を通して生活や考え方などが浮き彫りになります。本来はそんな存在であってほしいものです。

## ●「意志が弱い」人のための貯蓄の必殺テクニック

最後に貯蓄のテクニックを1つ伝授します。

**「天引きのような形であらかじめ貯蓄に回しておく」という方法です。**

ここで、あなたに質問です。

# 20万円の月収が、会社の業績不振で17万円に減らされたら?

きっといろいろとやり繰りして、何とか対応していきますよね。

**であるならば、最初から強制的に3万円を貯金してしまいましょう。**

こうしたテクニックも用いながら、ぜひまず300万円(あるいは月給の6カ月分)の貯蓄を達成してほしいと思います。

# 第3章

## 【投資】
## 株式・債券でお金を増やすテクニック

**藤野英人**（ふじの　ひでと）

レオス・キャピタルワークス　ひふみ投信ファンドマネジャー
格付投資情報センター主催のR&Iファンド大賞を4年連続国内株式部門で受賞している日本を代表するファンドマネジャー。運用するひふみ投信は数々の賞を受賞。野村系、JPモルガン系、ゴールドマン・サックス系の資産運用会社を経て、2003年レオス・キャピタルワークスを設立。過去6000人以上の経営者にインタビューをし、『投資家が「お金」よりも大切にしていること』（星海社新書）などの著書を持つ。明治大学兼任講師。JPXアカデミーフェロー。

**太田 創**（おおた　つくる）

フィデリティ投信株式会社　商品マーケティング部長
1985年、関西学院大学経済学部卒。同年三菱銀行（現・三菱東京UFJ銀行）入社。その後、外資系資産運用会社等を経て、2007年フィデリティ投信入社。商品マーケティング部長として、投資信託の商品企画及びマーケティングに携わる。投資信託をはじめとする金融商品の他、海外での資金ディーラーとしての豊富な経験を活かし、市況や金融市場に関する幅広い啓蒙活動、著述、寄稿、講演を数多く手掛ける。著書に『ETF投資入門』（日経BP社）などがある。

**松崎泰弘**（まつざき　やすひろ）

東洋経済新報社デジタルメディア局会社四季報オンライン事業部担当部長兼会社四季報オンライン副編集長
1962年、東京生まれ。日本短波放送（現ラジオNIKKEI）、北海道放送（HBC）を経て2000年、東洋経済新報社へ入社。日本短波放送時代は兜倶楽部、ニューヨーク支局などに在籍、日本経済新聞社へも出向。HBC時代は経済担当記者として北海道拓殖銀行の破綻報道などに携わる。「週刊東洋経済」副編集長、「オール投資」編集長、市場経済部長、企業情報部長、特別編集部長などを歴任。2013年10月から現職。大正大学非常勤講師も務める。

# 投資でお金とビジネスセンスを手に入れよう！

日本で普通に教育を受けると、「稼いだお金を使う」と考えますが、
お金持ちはそうは考えません。
彼らは、「資産が稼いでくれる中から使う」、
あるいは「資産が稼いでくれたもので再度資産を買い、残った分を使う」のです。
まだ資産額の少ない個人は、そこまでいかなくても、
毎年の消費額のうちのいくらかを、資産からの収入で賄うクセをつけましょう。
ここでは、主に株式投資と債券について、
カリスマファンドマネージャーの藤野英人氏、
フィデリティ投信・商品マーケティング部長の太田創氏、
会社四季報オンライン事業部担当部長の松崎泰弘氏が説明します。

大きく資産額を増やそうと思ったら、成長企業に賭けるのが一番です。

かつての松下電器産業（現・パナソニック）や、ファーストリテイリング、ソフトバンク、楽天、Ｆａｃｅｂｏｏｋ、アマゾンなどに投資した方は、資産額を数十倍～１００倍に伸ばしているはずです。


株式投資の最大の魅力は、単なるお金儲けではなく、投資を通じてビジネスや企業、商品、テクノロジーに詳しくなること。

何より株をやることで、日々のニュースへの感度が高まるのが魅力です。

初めは儲からなくても当たり前なので、なるべく株価の変動の小さなものを選ぶこと。

また、本章でまとめた株式評価の指標を上手に使いこなすことで、割安・割高がわかるようになっていただければと思います。

勉強のつもりで、いまから投資を始めてみましょう。

あなたが将来、成功する方なら、きっと幸運に恵まれますし、そうでなくても、資本主義の仕組みを知れば、優秀なビジネスパーソンになれるでしょう。

土井英司

# 儲けの知恵は街にある！

## 大事なのは「ストリートワイズ」

株式投資の初心者は、専門知識がないことを自身の弱点だと思いがちです。

確かに、ないよりはあったほうがいいに決まっていますが、**株式投資の実践で大事なのは専門知識よりもむしろきれい事ではない実戦力、「ストリートワイズ」**だと私（藤野）は考えています。

## 優良銘柄を探すシンプルな法則

日経平均株価や東証株価指数（ＴＯＰＩＸ）などの指数を予測するのは素人にはまず不可能です。年始の経済紙などにエコノミストや金融資産を運用する専門家「ファンドマネージャー」の相場見通しが掲載されていますが、彼らですらほとんど当たらないのがその証拠です。

## でも、長い目で見ると、株価の動きは実にシンプルなもの。

「長期的には、本業の儲けを示す営業利益の伸びと株価の推移が一致する」のが絶対的な法則です。

## 営業利益が増えれば、株価も上昇する。

この法則を頭に入れて、利益拡大の確率が高い企業探しに専念すればいいのです。

### ファンドマネージャーはどう銘柄を選ぶのか

実際、私が運用する「ひふみ投信」はこうしたきわめてシンプルな論理に沿って行動しています。そして、業績面でこれまでに成果を上げた会社を訪問し、社長の話を聞くなどの調査行動を行った上で、利益拡大に確信の持てる銘柄に集中投資しています。

**自分たちが平均以上だと思う社長や経営者に投資すれば、平均以上の成果は出せます。それ**

を続けていれば、大きなリターンを確保できるはずだ、というのが私たちの運用哲学です。

## わからない話をする社長の会社には投資できない

ファンドマネージャーは社長と会って話をするときに具体的に何を聞くのでしょうか。実は、あまり難しいことは聞きません。ポイントは社長の言葉が明確に理解できるかどうかです。

## 値上がりしそうな銘柄を追いかけるだけでは儲からない

日本の株式市場で問題なのは、「利益が伸びれば株価は上がっていく」ことがすべての投資家の共通認識になっていないことです。

ある会社の株式を買いたい人が増えたらその株価は上昇。逆に減ったら株価は値下がりする、というのが多くの投資家が株式市場に持つイメージになっています。

だから、値上がりしそうな銘柄を追いかけるばかりで、「なぜその企業の株式を買うのか」という「コンセプト」が欠落しているといわざるを得ません。

## JINSを知らなかった投資家

そのため、こんなことが起きます。

メガネのＪＩＮＳのように、20代～40代前半をターゲットとする商品がヒットしていると き、**株式投資家の多数はＪＩＮＳのユーザーよりも年齢層が高いため、ＪＩＮＳが儲かってい ることになかなか気づきません。**そして、利益が伸びているにもかかわらずその会社の株価は なかなか上昇しません。

しかし、必ず「利益が伸びれば株価は上がっていく」ので、いずれこのヒット商品は株価に 反映されるのです。**ヒットから株価上昇までには３カ月程度のタイムラグがあるのが普通。**

**そこに空白期が生じるわけです。**

## 次の決算期までの空白期の３カ月が狙い目

タイムラグの「３カ月」というのは決算発表から次の発表までの期間です。多くの日本の上 場企業は決算発表を年４回、四半期ごとに行っています。公表される決算数字を受けて株価が 上昇、もしくは下落します。

**投資家の多くは株価の変動を目にして、初めて売れている商品の存在に気がつくことになる のです。**

決算のタイミングまで待たなくても、〝ストリート〟には情報があふれています。

## 20代ならJINSの商品がヒットしていることを早々と知っているでしょう。

決算前の空白期にこの銘柄が買えれば、決算発表後に大きな利益を手にできます。これがストリートワイズです。

**欧米や中国では、「いい企業があったら、その会社の銘柄を買う」のが社会常識です。**投資家はこうしたストリートの情報を目を皿のようにして探しています。

そのため、株価が適正な水準を下回る状態が長きにわたって続くようなことはありません。

### 投資の情報は街にあふれている

でも、日本では割安のまま決算発表まで放置されてしまいます。ここに「空白期」が生まれます。

大事なのは、オフィスや自宅を出て外に行くことです。

百貨店などへ行って、いま実際に何が売れているのか肌で知ることが重要になります。**売り場で行列ができていたら、それはどんな商品を求めて並んでいるのか確かめましょう。**こうした動きがまだ株価に織り込まれていなければ、先回りして株式を買うチャンスになります。

## 女子のスニーカーブームで大儲け

一例として挙げられるのが、靴の小売り専門店を全国展開している「エービーシー・マート」。**若い女性の間でスニーカーブームが広がり始めたことを当初は多くの投資家が知りませんでした。**業績が伸びると、ようやくブームが到来していることを理解します。

このため、株価に反映されるにはかなりの時間がかかりました。

**ブームに気づくことは、難しくはありません。**

それを株式投資に活かせれば、大多数の投資家の先を行くことができます。

## 見過ごされた優良企業が身近に必ずある

東海を地盤に100円ショップを全国展開している「セリア」という会社があります。若い世代はよく知っている存在で、そこで買い物をしているからよくわかります。

**ただ、「セリア」の店舗へ足を運ぶ人たちには株式投資をする習慣はありません。**

一方、投資のコアの層である60代〜70代の人たちはセリアで買い物をすることはないケースがほとんどです。そうすると、いい会社でもとかく見過ごされてしまいがちです。

視点を変えれば、**20代や30代の投資家には大きなアドバンテージがあることになります。**

自分が足を運び、賑わっている・流行っていると感じる商品を出している会社の株を買えばいいでしょう。

**結果、それが〝いいもの〟を買うことにつながるのです。**

# 「草食投資」でリスクを下げる

## 投資の基本――「小さく、ゆっくり、長く」

「株式投資にはお金がかかる」と思う人は少なくないでしょう。しかし、10万円や20万円台から買える株はいくらでもあります。そうした銘柄に、第2章で貯めた投資資金を振り向けましょう。**初めて株式投資を行う際の原則は、**

**「小さく、ゆっくり、長く」。**

「小さく」は余裕資金をすべて株式に振り向けてはいけない、という意味です。

預金１００万円の投資家が、１００万円をすべて使って株式を買うのは間違いです。

**１００万円持っていたら、３万円程度で株式を買えば十分です。**

## 「ちょこっと」だけでいいのです。

### ●「手に汗握る」のではダメ。スタートは3万円から

いいたいのは「手に汗は握るな」ということです。100万円を持つ人が全額を使って株式投資をしたら、きっと手に汗を握ることになるでしょう。それではダメ。

むしろ、**株式投資をしていることを忘れてしまうぐらいのほうがいいのです。**

5万円でも忘れられない人は多いはず。だから、3万円としました。もちろん、1万円をつぎ込んで投資信託の購入からスタート、であっても構いません。

### ●始めたら景気が循環する3年は続ける

「ゆっくり」とは、資金を一気につぎ込まないで1カ月おきに買ったり、3カ月おきに買ったりしようということです。

# 「時間分散」という考え方です。

「長く」は、株式投資をいったん始めたら、3年ぐらいはやりましょうという考えです。景気が循環する1サイクルぐらいに相当する程度の期間は保有し、この期間での運用成果を見極めてから積み増ししていきます。それを強くおすすめします。

## 「草食投資」で行こう

私（藤野）は「草食投資」を提唱しています。

これは、倹約しながら給料の3分の1ないし4分の1程度を貯蓄して、そこから毎月、さらに少額を長期で株式投資に回す、というやり方です。

一般的に「投資」というと、ある程度貯めてから一気に動かすと考えられがちですが、そうではありません。少しずつ追加で株式を購入するような姿勢がベストだと、私は考えています。

## 投資の基本はあなた自身――「近いもの・わかりやすいもの」を買う

では、投資する対象をどう決めるのか。

自分にとって「近いもの・わかりやすいもの」に投資するのが基本です。

できれば、仕事などを通じてよくわかっている分野に関連する企業などがいいでしょう。

## 「自分は意外にいい情報を持っているかも」

そう考えるのが投資の原点です。

あるいは自分の家族がいい情報を持っているかもしれません。

いずれにせよ、いま、自分の中で何が流行っているのか、何が好きなのかといったことがすべて銘柄選びのヒントになります。

### 想像力からチャンスが生まれる

**投資は現実の世界と切り離されているわけではなく、すべてが世の中とつながっています。**

だからこそ、現実の世界の観察が重要。観察に成功することがいい投資家の条件です。

観察すべきところは身の回りです。自分自身、自分の会社、仕入れ先、顧客、家族……。

# 「世の中はこれからこうなるだろう」

こう自分なりに推論を立てて、それに当てはまる銘柄を探すのも1つの方法です。

「女性の管理職登用などの動きが広がってくる」と思ったら、保育園を運営している会社の株式に投資してみる。こうした発想が大事になります。

## ●「わからないもの」をわからないと判断するのも知恵

**自分が理解しやすいものを注意深く観察することも大事です。**

理解しやすいものであれば〝検証〟も比較的容易になるはずです。

あなたがゲーム業界に身を置いているとしましょう。同じ業界に属する企業の株式を購入。その会社の株価が値上がりしたり、業績がよくなったりした場合、「あのゲームがヒットしたからだろう」と瞬時に判断できるはずです。

**会社に対する理解度が深まれば、「業績はこうなるだろう」と予想を立てるのも可能です。**

でも、強い競争相手が多く、外部環境に左右されやすい会社の業績は予測しにくいでしょう。

「わからないもの」はわからないと判断する冷静さがリスクを避けるための第一歩です。

## 投資に知名度は関係ない

「ソフトバンク」や「ソニー」はおそらく、〝有名〟な会社に属するでしょう。

**でも、有名か無名かは重要ではありません。**

たとえ無名であっても予測できる会社に投資をすべきです。

多くの人は大きなもの、有名なものが安心と考えますが、予測できないものは安心とはいえません。

## 新規株式公開でも安易に乗るな

新規株式公開（ＩＰＯ）の銘柄に投資する際にも、あなたがその会社をよく理解していることが前提になります。ＩＰＯというだけで、「値上がりが期待できる」との判断から資金をつぎ込む投資家がいますが、あくまでも理解できる銘柄に絞るのが鉄則。

バイオベンチャーの株式などは上場当初、人気化することが多いのですが、病気のメカニズムもわからないまま、**その病気の創薬を手掛ける会社に投資するのは論外です。**

●「3つの条件」を備えた会社は強い！

# ①収益構造がシンプルで、②ライバルも少なく、③事業環境も大きく変化しない

投資対象を決めるにあたっては、この3条件に当てはまる会社の株式を複数集めることです。結果、「投資がギャンブルになる」確率は低くなるでしょう。

●ライバルが入りにくいとアドバンテージが高い

競合が少ないかどうかを判断するには、過去数年の業績トレンドを参考にします。厳しい環境下でも長年にわたって収益を伸ばしている会社には必ず何らかの理由があります。参入障壁の高さはその1つです。その企業の商品が特許や特殊な製造技術・ノウハウによって守られていると、他社は簡単に入ることができません。

法律による規制も障壁の高さにつながります。法律に守られることで、圧倒的な地位の維持が可能になります。

## 無名だけれど確実に儲かる会社もある

この好例が、東証2部上場の「朝日印刷」。医薬品包装材料の国内シェアがトップの会社で、医薬品のパッケージ印刷などを手掛けています。

# 業界では「トヨタ自動車」的な存在です。

医薬品には、年間100人程度しか服用する人がいなくても、必要なものがあります。印刷の大手企業だとそうした小規模の需要に応えるのは難しいでしょう。

薬事法上の決まり事もあります。文字のサイズや色など細かいところまで〝縛り〟があり、ちょっとした間違いでも返品せざるを得ません。

ベンチャー企業がこうした事業に乗り出そうとしても、印刷工場などの設備投資が必要なため、ある程度の量の注文がなければ原価を下げることは難しく、投資した資金の回収は厳しいのです。それらを考えると、この事業の参入障壁はなかなかに高いものでしょう。

## それでも有名企業を選んでしまうのは

ところが、「ソニー」に投資したほうが「朝日印刷」に投資するよりもいいと思う投資家は、プロの世界でも少なくありません。

「有名企業に投資しておけば、運用のパフォーマンスが悪くても責められないだろう」というサラリーマン的なリスクヘッジに基づくものです。

**むしろ、投資先として注目したいのは「ヒツジの群れの中のオオカミ」です。**

新規参入者が出てこない、既得権益に守られた業界の中に、新たなビジネスモデルを構築するイノベーションによって、大きくなる可能性のある〝オオカミ〟を探しましょう。

## 最初の3年間は投資のお試し期間

### 15万円の冷蔵庫は衝動買いしないのに……

投資対象になりそうな候補を発見したら、投資する前にリサーチをするのは当然でしょう。ところが、これをないがしろにする投資家が多いのも事実です。

**衝動買いでは後悔することが多い。**

それは、クルマや冷蔵庫を買うときでも、株式投資でも同じことです。では、どうやってリサーチすればいいのか。そのときに活用したいのが『会社四季報』(東洋経済新報社)です。『四季報』の優位さはその一覧性にあります。でも、辞書ではありません。時期に応じた雑誌であり、**各企業を担当する記者の意見が、記事や予想数字に集約されたものです。**できれば一度は、斜め読みでも構わないから通読をおすすめします。

たとえ1社あたり数秒でも目を通すだけでOKです。

**結果、業種ごとにいま、何が起きているかが浮き彫りになります。**

## 数字の見方は最低限の知識でOK

業績数字はどの程度、理解する必要があるでしょうか。

**実は増収なのか増益なのかといった基本がわかりさえすれば十分です。**

あとは株価収益率（PER）、株価純資産倍率（PBR）、自己資本利益率（ROE）などが理解できれば十分でしょう。『会社四季報』の活用術や、投資にまつわる大事な数字に関しては、「会社四季報オンライン」の松崎泰弘さんが以降で説明します。

## 企業のホームページではまず顔写真をチェック

投資対象をリサーチするとき、会社のホームページをチェックするのも重要です。

## 社長の顔写真が掲載されていない企業の株式は購入しないのが賢明でしょう。

私（藤野）の見解では、正直、そういうところは投資のパフォーマンスがよくありません。社長だけでなく、ほかの役員の顔写真も載っている会社のほうがより好ましいでしょう。

● 「私」を主語に社長が語っている会社は買い

社長の挨拶文も注意して読みましょう。

## 「私」あるいは「私たち」、という表現を使っている会社をおすすめします。

多くは、「当社」「弊社」という主語を使っていて、中には主語がない場合もあります。要は経営にコミットメント（真剣な関わり）がないのです。

これは意外に大事な点です。社長が経営にコミットメントしている会社には業績面でも伸びる素地があります。

そこから見えてくるのは、顧客や株主に対して誠実であろうという姿勢です。

### 「わかりやすい」か？「わからせよう」としているか？

製品、商品、サービスの内容などもホームページで確認しましょう。

## わかりやすいかどうかも重要な点です。

投資家向け広報活動（ＩＲ）専用のページがあるかどうかも押さえておきます。アクセスしたら財務関連の指標、数字などがわかりやすく表示されているでしょうか。決算短信や決算説明会資料などＩＲ関連のデータがダウンロードできるでしょうか。

この点を数社チェックするだけで、充実度合いに大きな開きのあることがわかるでしょう。

### 最低でも３銘柄に投資する

株式投資では前出の「時間分散」（ゆっくり）と同様に「銘柄分散」も心掛けましょう。

## 最低でも3銘柄は購入します。

3社に投資しておけば、すべてが倒産する可能性はきわめて低いでしょう。企業は倒産しない限り、株価がゼロになることはありません。3銘柄保有していれば、少なくともゼロになることはほとんどないでしょう。もちろん「10銘柄で勝負する」でもOKです。

## 要は分散が大事。

どんな銘柄で構成するのが理想的かは、時間軸を短期にとるか長期にとるかによって変わってきます。

### ●日々の株価よりも決算発表に注目

いったん購入したら、株価はできるだけ確認しないことです。

**1日に1回でも多すぎます。せいぜい1週間に一度でいいでしょう。**

株価に振り回されるのは本末転倒。**株式投資はあくまでも自分の人生を支えるための手段に**

過ぎないからです。投資自体が目的ではありません。

## 気にしておきたいのは株価よりも、投資した企業の決算です。

その会社の業績が自分の想定したシナリオに沿って推移しているのかを確認することのほうが大事。そうした行為自体が投資金額を上回る〝学び〟になります。

### 「買いは技術、売りは芸術」

投資で難しいのは売却のタイミングです。相場格言に「買いは技術、売りは芸術」という言葉があります。**ベストタイミングで手放すのはまさに芸術。**実体価値を上回る株価になると、「もっと上がるのではないか」と売りそびれてしまい結局、儲けが小さくなったり、損をしてしまったりすることがよくあります。

また、売却して値上がり益を確保しても、株価がさらに一段と上昇すると、損をしたかのような気分になることもあります。

## いずれにせよ、売却はとても難しいのです。

であるならば、〝買いの技術〟を磨くのも1つの考え方です。

割安な値段で買うのを徹底すればいいでしょう。割安株の見つけ方は以降の項目で学んでください。

### 損失を小さくとどめる方法

株価は上昇時に比べて下落のピッチが早くなりやすい傾向があります。下落すると、投資家がパニック状態に陥り、いったん値下がりし始めると、思った値段で売れなくなります。

**上昇はゆっくり、いざ下落に転じたらすさまじい勢いで値が下がっていく。**

だから、天井（株価の最高値）で売るのは至難の業です。「購入時よりも何パーセント下落したら売却する、といったルールを決めておいたほうがいい」とアドバイスする専門家が多くいます。

「〇〇〇円まで値下がりしたら処分」などと指し値の売り注文（134ページ参照）を出しておくのも、損失をできるだけ小さなものにとどめる1つの対処法として覚えておきましょう。

# 投資家になるとこんなにいいことがある！

## ●3584社の中にお宝銘柄が！

私たちが株式投資をする際に投資の対象になるのは、東京証券取引所など日本の株式市場に上場している会社の株式です。**上場企業は2014年末時点で3584社となっています。**

## ●株主になるとどんないいことがある？

「その会社の株式を買って株主になる」ことのメリットは、**①利益や配当金がもらえる、②株主総会に参加できる（経営に参加できる）、③解散時に資産を分配してもらえる、**の3つです。

## ●市場で幅を利かせるのが外国人

**日本株市場の〝メインプレーヤー〟は外国人投資家。**売買のシェアは6割前後に達します。

日本株市場で活況かどうかの目安とされる売買代金（＝取引されたときの株価×出来高）は

2兆円です。単純計算すれば、1兆2000億円が海外勢によって取引されていることになります。生命保険会社、資産運用会社など（これを「機関投資家」といいます）も大量の株式を保有しています。

こうした〝プロ〟の投資家であれば、経営に一定の影響力を及ぼすこともできます。でも、資金力の面で見劣りする私たち個人投資家には難しいでしょう。株主のメリットの②で挙げた「経営に参画」は本来的な意味ではなかなか難しいということです。

## ●利益や配当金を狙おう

となると、やはり株主になるメリットは①に挙げた「利益や配当金がもらえる」こと。

**①値上がり益**
**②配当金**
**③株主優待**

の3つが大きな狙い目です。

## 狙い目①値上がり益

値上がり益は株価の上昇によって得られる儲けのことです。100円で買った株式を200円で売れば、差し引き100円の値上がり益が懐に入ってきます。

**当たり前のことですが、安いときに買って高いときに売れば、儲けは大きくなります。**

ある一定の金額を儲けるには、確かに値上がり益は有効です。

しかし、本書で提唱する「お金持ち」がより重視するのは、次の「配当金」です。

## 狙い目②配当金

配当金は会社が上げた利益を株主に還元する手段の1つで、その水準はさまざまです。

株式投資には「配当利回り」というモノサシがあります。配当を株価で割り、100を掛けてはじき出します。**東京証券取引所第1部市場の平均配当利回りは約1・5%（2015年5月1日時点）です。**もちろん、配当利回りの平均をぐんと上回る会社もたくさんあります。

**たとえば、武田薬品工業の配当利回りは約2・9%と市場平均よりも1%以上高くなっています。**

## ●利回りの高さだけに飛びついてはダメ

ただ、気をつけたいのは利回りが高いからといって、安易には飛びつかないこと。というのも、株価が低いと利回りが高く出てしまうからです。株価の低さはその企業が何らかの問題に直面していることを反映しているのかもしれません。そうなると将来、業績が悪化して結局、前の期よりも配当が少なくなることにもなりかねません。

## ●権利確定日に株式を持っていれば配当金を受け取れる

配当金は受け取る権利が確定する日に株式を保有していれば、実際にもらうことができます。**極端にいえば、権利確定日（１３０ページ参照）に買って翌日に売っても配当が手に入ります。**

## ●狙い目③株主優待

株主優待は株主にお礼として配布するプレゼントのようなものです。自社の商品や食事券などを特典として提供している上場企業は多いのです。日本独自の制度とされています。

## 株主優待で提供された回数券やチケットは現金にも変わります。

金券ショップに持っていけば、買い取りをしてくれるので、そこでの現金化が可能です。

### 株主総会に出るとお土産がもらえる

株主優待と並んで最近、個人投資家の関心を集めているのが、

## 株主総会に出席した株主に、会社側が配布しているお土産です。

お土産を配布している会社の数は上場企業全体の8割程度に達するといいます。総会前に企業へ寄せられる質問で、もっとも多いのも実はお土産に関する問い合わせです。

## 株主になって配当金をもらえるのはいつ？

配当や優待の権利を取得しようとする際には、名義の書き換え手続きを行って会社側の名簿に株主として載せてもらわなければなりません。先ほど出てきた「権利確定日」とは、株主名簿に名前が記載される日を意味します。

日本には3月期決算、つまり4月から翌年3月までの1年間を「1事業年度」にしている会社が多くなっています。そのため、配当や優待実施のタイミングは、3月末の決算期末と第2四半期累計（4～9月）決算期末（中間決算期末）の年2回、というケースが目立ちます。

## 株主名簿に名前が載るまで3日かかる

注意点は、株主名簿に名前が載るのは、株式を購入してから3営業日後であることです。

**3月31日に権利が確定するのであれば、3月28日までに買っておく必要があります。**

「営業日」という概念は「株式市場で取引が行われている日」を指し、土日を含んでいません。仮に、3月31日が月曜日だとすると、「3営業日前」は28日でなく、26日になるわけです。

## 配当狙いで株価が上がる日

この「3営業日前」は通常、「権利付き最終売買日」などと呼ばれています。

**配当金目当ての投資家が株を買うため、権利付き最終売買日に向けて株価が上がり、その後は下がる傾向があります。**

どうしても売りたい場合はあえて配当を捨てて、株の値上がりを狙うのも1つの手です。

# これだけ押さえればＯＫの投資ルール

## 証券コードは上場企業の背番号

「どの株式に投資しよう？」。それを決めるにあたって、まずはすべての銘柄（会社）に背番号的な「証券コード」がついていることを覚えておきましょう（たとえば、トヨタ自動車なら「７２０３」です）。

**証券コードを覚えていれば、何かと便利です。**

株式情報を提供するサイトの多くは、会社名を入れなくてもこの４ケタ番号を入力すれば、企業の情報にアクセスできる機能を備えています。

## 株価が５００円の株式でも５００円では買えない

株価が500円の株式。でも、500円から投資できるわけではありません。というのも、株式には売買の単位があるからです。これを「一単元」と呼びます。かつては1000株単位が主流でしたが、いまでは100株単位の銘柄が上場企業全体の6割超を占めています。**株価が500円で売買単位が100株の場合、手数料を除いた最低の投資金額は5万円になるということです。**

## 株は原則として証券取引所で売買される

**証券会社は投資家からの注文を証券取引所へつなぎます。**証券取引所は現在、東京、名古屋、札幌、福岡の4カ所です。東京証券取引所は1部、2部各市場のほか、新興企業向けのマザーズ、ジャスダックという両市場を運営しています。

取引所の取引は、毎週月曜日から金曜日の午前9時〜午前11時30分。それから、昼休みをはさんで午後0時30分〜午後3時に行われています。**投資家の注文の売買が取引所で行われるのはこの時間帯のみです。**

## 2通りの注文方法がある

株式投資には2通りの売買注文の方法があります。

# 「成り行き注文」と「指し値注文」です。

「成り行き注文」は、「いくらでも構わないから買って（売って）ほしい」という注文。

「指し値注文」は、売買の値段を指定するやり方です。

たとえば、1000円で1000株の売り注文があるとしましょう。

このとき、1000円で1000株の「成り行きの買い注文」と同じ条件の「指し値の買い注文」が入った場合、「成り行き注文」が優先されて売買が成立（約定《やくじょう》）します。

## 「高く買う！」が優先か「先にいった者」が優先か

「価格優先」は、買い注文だと高い価格の注文のほうが安い価格の注文よりも優先されるという原則です。**1000円の買い注文のほうが999円の買い注文よりも優先して売買が成立します。**売り注文の場合はこれと逆で、安い価格の注文が高い価格の注文に優先します。

「時間優先」は、同じ金額の指し値注文の場合、早い時間の注文（先に注文したほう）が優先されるというルールです。

# 証券会社を選ぶポイントは？

## 口座開設は無料、売買に手数料がかかる

株式投資を始めるには証券会社で口座を開く必要があります。開設は無料。口座維持の費用も無料のところが多くなっています。通常、ウェブサイトから資料を申し込み、書類に記入して送ってから1～2週間くらいで開設できます。

**注目すべきは、売買時のコストです。**

## 複雑な手数料制度の会社は要注意

税金に関する話は後述するとして、最初に発生するのが「株式売買委託手数料」です。「無料キャンペーン」などと称して、手数料をタダにしている証券会社もあります。

# 手数料は投資金額や頻度《ひんど》によって異なります。

あなたがこれから投資を始めるなら、手数料の安さだけでなく、わかりやすさも証券会社選びのモノサシの1つにしましょう。なかには複雑な料金体系を採用している証券会社もあります。

## 頻繁に売買するなら定額手数料を選択

「デイ・トレーダー」のように売買を頻繁《ひんぱん》に繰り返す投資家に魅力的なのは「定額手数料」。1日何回取引しても手数料が一定というものです。

**オンライン取引では、多くの証券会社が「前受け制度」を採用しています。**

顧客とのトラブルを防ぐため、手数料や消費税分なども含めた株式を買うのに必要な金額を上回るお金を、あらかじめ口座に預けていなければ取引できない仕組みです。

# 『会社四季報』から儲けのタネを拾《ひろ》う裏ワザ

## 『四季報』を読みこなそう！

投資家の「バイブル」的な存在が、『会社四季報』。国内の証券取引所に上場するすべての企業（２０１４年末で３５８４社）の情報を網羅《もうら》しています。

**『四季報』を読みこなすことが株式投資の運用成績の向上につながります。**

## 『四季報』の最大の売りは〝独自〟の業績見通し。

記者が各企業の財務や投資家向け広報活動（ＩＲ）担当者などへの取材を踏まえて自ら、予想をはじき出しています。**会社側が公表する数字とは異なるケースも少なくありません。**

しかも、**予想は2期分掲載されています。**多くの企業の「決算短信」と呼ばれる資料には、「今期」１期分の見通ししか記載されていません。２期分は『四季報』の大きな特長です。

## ●オンライン版にはすごい特典も

『四季報』にはオンライン版の『会社四季報オンライン』もあります。コンテンツには無料と有料のものがあり、業績予想は有料コンテンツ。会社の発表や記者の取材に合わせて随時、更新情報が掲載されます。

有料コンテンツで便利なのが検索機能です。**キーワードを入力すれば、これまでの『四季報』に記載された銘柄や当該記事の一覧表が出てきます。**

また、『四季報オンライン』では過去の約80年分の『四季報』もすべて閲覧が可能です。

## ●会社の〝クセ〟を見抜いての独自予想

独自の予想も、投資対象となる銘柄選びでは大いに活用しましょう。

**会社側が公表する見通しには、それぞれの〝クセ〟があります。**

常に保守的な会社もあれば、強気すぎる数字をブチ上げる会社もあります。

担当記者はこうした特有の〝クセ〟も見抜きながら予想数字をはじき出しています。

企業側の見通しと『四季報』予想の〝乖離《かいり》〟は、投資の判断材料として必ず押さえておきたいポイントです。

## ●「事業構成欄」でその会社のリアルが読める

# 「株主なんだけど、そちらは何をやっている会社?」

いわゆる「BtoB」のビジネスを展開している企業のIR担当の部署にはこんな問い合わせの電話がかかってくることが実際にあるといいます。**有望銘柄を探そうとすれば、まずは投資したいと思う会社の事業内容を把握することが大前提です。**

『四季報』の「事業構成欄」には、会社が営んでいる事業とその事業の全体に占める売上比率、営業利益率が記載されています。

**利益率を見れば、どのビジネスがもっとも儲かっているかがわかります。**

**たとえば、旭化成といえば、もともとは繊維の会社。ところが、いまの収益の柱は「医薬・医療」です。**

先入観にとらわれるあまり、隠れた有望株を見逃してしまうこともあります。事業内容は確実にチェックしましょう。

## ●「業績記事」の見出しで会社の勢いがわかる

次に「業績記事」。ここには担当企業を取材した記者の見方や分析などが詰め込まれています。

**有望銘柄選びに際して、多くの投資家が注目しているのは、業績記事の「見出し」です。**

見出しの分量は2文字ないし4文字程度で、「最高益」「飛躍」「大幅増益」「続伸」「連続増配」など会社の勢いを示す言葉が使われています。

**この言葉が、銘柄選択の重要なポイントになります。**

これに対して、業績が下向きになっていることを意味する見出しには注意が必要です。

## 『会社四季報』で「お宝銘柄」を探すチェックポイント

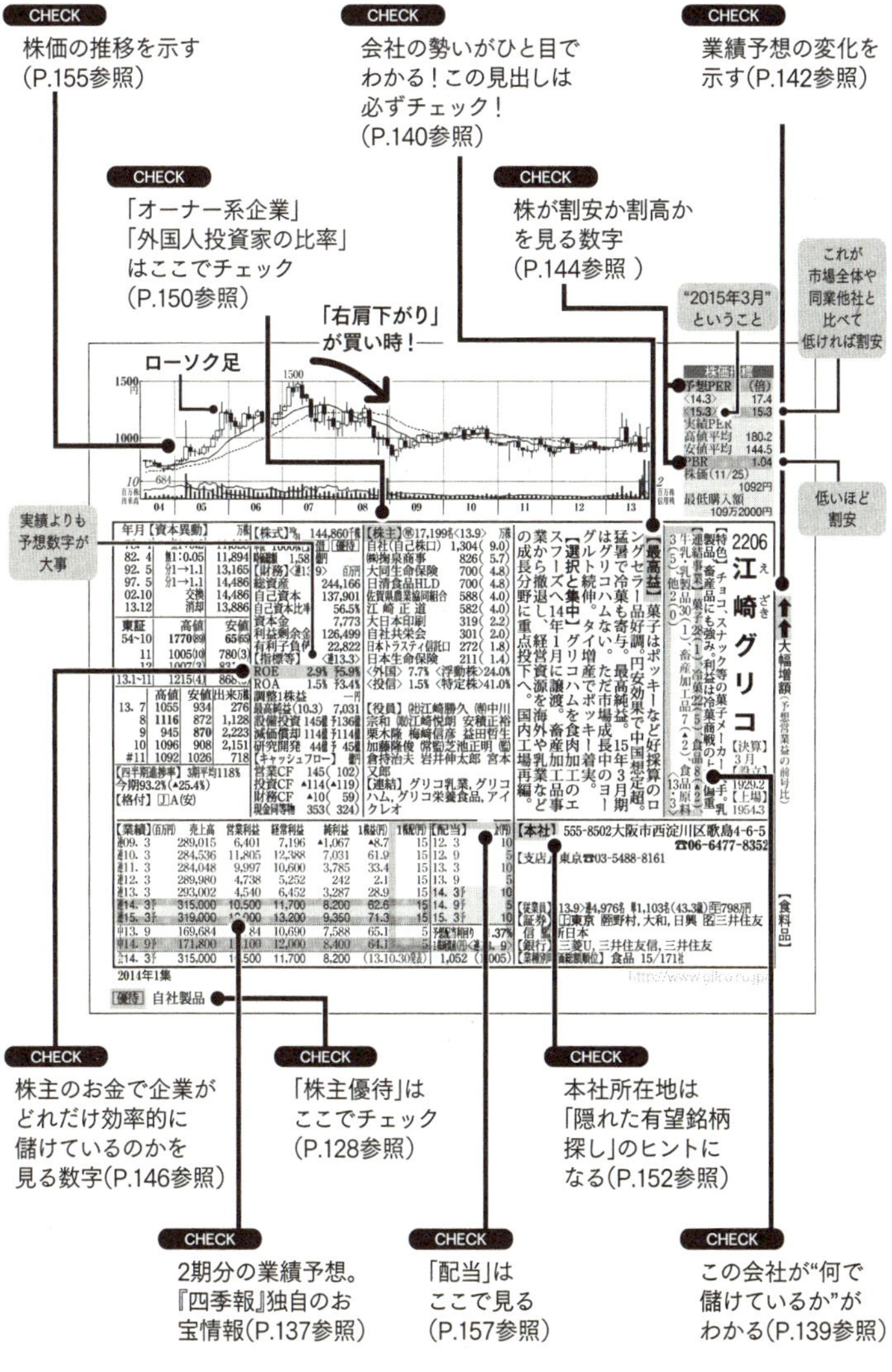
CHECK
株価の推移を示す（P.155参照）
CHECK
会社の勢いがひと目でわかる！この見出しは必ずチェック！（P.140参照）
CHECK
業績予想の変化を示す（P.142参照）
CHECK
「オーナー系企業」「外国人投資家の比率」はここでチェック（P.150参照）
CHECK
株が割安か割高かを見る数字（P.144参照 ）
これが市場全体や同業他社と比べて低ければ割安
"2015年3月"ということ
「右肩下がり」が買い時！
ローソク足
低いほど割安
実績よりも予想数字が大事
2206
江崎グリコ
大幅増額
CHECK
株主のお金で企業がどれだけ効率的に儲けているのかを見る数字（P.146参照）
CHECK
「株主優待」はここでチェック（P.128参照）
CHECK
本社所在地は「隠れた有望銘柄探し」のヒントになる（P.152参照）
CHECK
2期分の業績予想。『四季報』独自のお宝情報（P.137参照）
CHECK
「配当」はここで見る（P.157参照）
CHECK
この会社が"何で儲けているか"がわかる（P.139参照）

「続落」「大幅減益」「急落」「反落」……。**こうした見出しがついた銘柄の購入は避けたほうが無難かもしれません。**

記事まで目を通す時間がなければ、「見出し」だけでも速読してみましょう。

## ●「前期並み水準維持」か「横ばい止まり」か。記者の〝想い〟に着目する

もちろん、見出しだけでなく記事全体に重要な材料が隠れています。

たとえば、ある会社の営業利益が前期とほぼ変わらない見通しの場合、「前期並み水準維持」**と書かれているのか、それとも「横ばい止まり」と書かれているのか。**

そうした微妙なニュアンスの違いから、会社に対する記者の感情を読み取りましょう。

## ●「矢印」で変化を読む

各上場企業の情報掲載ページの左隅や右隅に掲載されている「矢印」。これは前号との比較で、業績予想がどう変化したかを示すサインです。記事と併せて活用しましょう。

たとえば、「上向きの矢印2つ」。

**これは前号の営業利益に比べて上方への修正率が30％以上に達した会社です。**

矢印のパターンは全部で5つ。「下向きの矢印2つ」は、前号に比べて営業利益が30％以上、

下振れしているということを意味します。

株式市場では、企業が業績予想の上方修正に踏み切ると株価が上昇、下方修正を行うと下落するというケースが多いのです。『四季報』の前号の利益見通しに比べて、新しい号に載った予想数字が増えていれば、株価がこれを手掛かりに値上がりするかもしれません。

**「矢印」を見ておけば、変化がひと目でわかります。**

また、「疑義注記」がついた会社には破綻リスクがあると考えておきましょう。

## その株式は安いか？　高いか？　お手頃か？

### 「株価収益率（PER）」で割高か割安か判断

続いては、株価が割高か割安かを判断するためのモノサシに触れておきましょう。

これらも『四季報』に掲載されている情報です。

もっともよく知られた指標が「株価収益率（PER）」です。

PERは「株価」を「予想1株当たり利益（EPS）」で割って求めます。

分母の「予想EPS」は株式投資を行う上では非常に大事な数字です。会社の純利益を発行しているすべての株式数で割って算出します。

投資の際には、EPSが前期に比べて増えているかどうかを必ずチェックしましょう。

### PERが低いほど割安、高いほど割高

その上で、PERにも注目します。

## ＰＥＲが低いほどその株は割安、高いほど割高であることを意味します。

業績好調で株価が上がりそうなのに上がらない「上値が重い」状態。株式投資ではこうした値動きも決して珍しくありません。ＰＥＲが市場全体の平均を大幅に上回るようなときには、「割高」と見なされてしまうことがあります。

ＰＥＲは相対的なモノサシなので、この数字以下なら割安といった絶対的な基準はありません。

## 割安か割高かを測る際には、市場全体や同業他社の水準と比べてみることです。

日経平均株価の予想ＰＥＲは２０１５年５月１日時点で約17・５倍。日経平均算出の対象となる２２５銘柄それぞれのＰＥＲがこの水準を下回っていれば割安、といった形で使います。

## ●企業の収益力は「自己資本利益率（ROE）」でわかる

日本の株式市場で最近、脚光を浴びているモノサシが「自己資本利益率（ROE）」です。企業の収益力を示す財務指標で、**会社が株主から調達したお金を使い、どれだけ効率的に利益を上げているかを測るのに使われます。**

## ●ROEが高い企業はお金の使い方がうまい

**ROEは純利益を自己資本で割り、100を掛けて計算します。**これが高いほど、株主から預かったお金の使い方が上手な、収益力の強い会社といえます。

**日本企業のROEは欧米企業などに比べると見劣りします。**日本の上場会社の平均は2013年度で約8％。これに対して欧米企業の場合、10％を上回っています。日本企業はこの数字を根拠にしばしば、海外の投資家から株主軽視といった批判をされています。

海外からのこうした批判を受けて、日本でも、ROEの高さを重視する大きな流れが起こってきています。**投資をする際に、ROEのチェックは今後ますます必須になるでしょう。**

## ●値下がり不安を「株価純資産倍率（PBR）」でチェック

PER、ROEと並ぶ有名なモノサシが「株価純資産倍率（PBR）」です。

PERと同様、株価が割安か割高かを判断する際に用いられる指標です。

## PBRが低いほど割安なことを意味します。

PBRは「株価」を「1株当たり純資産（BPS）」で割って算出します。BPSは「企業の理論上の解散価値」に相当します。

株価がBPSを下回る、すなわち、PBRが1倍を割り込むのは会社の解散価値を下回った状態です。

理屈の上では、こうした状況に置かれた会社の株式を取得しておけば解散した場合、投資した分を上回るお金が手元に戻ってくることになります。この企業の株式を取得したらすぐ解散し、純資産を山分けするのがおトクというわけです。

**ただ、実際にそうしたことは起こりにくいため、やがては1倍を回復するだろう——根底にそうした考え方があるからこそ、PBRの低い銘柄は値下がりする不安が比較的乏しいといえます。**

## 主な銘柄のPERとPBR（2015年5月1日現在）

| | 予想PER | 実績PBR |
|---|---|---|
| トヨタ自動車 | 13.2 | 1.8 |
| ファーストリテイリング | 42.1 | 7.8 |
| 三菱UFJFG | 11.4 | 0.9 |
| オリエンタルランド | 41.5 | 4.9 |
| 東レ | 21.1 | 2.0 |

※三菱UFJFGは「三菱UFJフィナンシャル・グループ」

### PER、ROE、PBRを関連させて読む

ここで、PER（株価収益率）、ROE（自己資本利益率）、PBR（株価純資産倍率）の関係を説明しましょう。

三者には次のような数式が成り立ちます。

**「PBR（株価純資産倍率）＝PER（株価収益率）×ROE（自己資本利益率）」**

ROEが高くなれば将来、PBRも上昇し、株価が値上がりする確率も高まるはずです。となると、ROEが高いにもかかわらず、PBRが低い銘柄の株価には見直される余地がある、といった推論が成立しそうです。

**想像力を働かせることが**
**株式投資成功への近道です。**

## オーナー系企業はお宝銘柄になるかも？

### 「株主欄」も情報の宝庫です。

『四季報』には、企業が発行する株式を保有する割合（持ち株比率）の高い順に、上位10位までの株主の名前が記載されています。

たとえば、日本電産、ファーストリテイリングなど、企業トップが筆頭株主に名を連ねるような、

## いわゆる「オーナー系企業」は「お宝銘柄」の有力候補。

トップが株式を多く保有していれば、株価に対するインセンティブが働きやすいからです。**誰もが少しでも株価を高くしたいと考えるのは当然でしょう。**

オーナー系企業のトップは〝サラリーマン経営者〟に比べて意思決定に時間がかからず、スピーディーな経営が可能といったメリットがあります。その一方で、独善的な経営に陥りがちといった弊害があるのも事実です。

### ●外国人投資家の比率を調べる

## 「株主欄」では〝顔ぶれ〟の変化にも注目しておきましょう。

これまで、上位に出ていなかった投資会社などが突如として登場するケースがあります。経営への関与の度合いを深めるかもしれません。

## 目的はいったい何か。

その正体を見極める努力が必要です。

上位10株主の名簿の下にある外国人投資家の保有比率も見ておきましょう。

海外勢は日本の株式市場でメインプレーヤー的な存在。売買シェアは6割を超えますが、持ち株比率は平均で約35％です。

持ち株比率が35％を大きく上回る企業は、海外勢にとって満足度の高い経営の舵取りを行っている、といった見方もできるでしょう。

### ●海外投資家比率が高い銘柄は世界の値動きに振り回されやすい

ただ、海外勢の持ち株比率が高ければいいとも一概にはいえません。

あまり高すぎると逆に売りがふくらむ可能性もあります。

## ●「仕手株」には手を出さないのが賢明

株価が短期間で急騰したにもかかわらず、外国人の持ち株比率が上昇しない銘柄は「仕手《して》株」と化している可能性があることも指摘しておきましょう。

「仕手」とは短期間での株価変動を狙って株式を大量に売買する投資家のことで、グループであることも多いといわれています。彼らのターゲットにされているのが「仕手株」です。

「仕手系銘柄」は通常、資金の流出入が頻繁なため、値動きはどうしても激しくなりやすいのです。**上手に売買しないと思わぬケガを被るおそれもあります。**そうした株を好む投資家以外は手を出さないのが賢明でしょう。

## ●本社所在地から「隠れた有望銘柄」が見える

「本社所在地」に注目してみるのも面白いでしょう。

**地方都市に本社を構える会社には、株価が割安な水準に放置されているところが少なくありません。**

証券会社や運用会社のアナリストと呼ばれる企業分析の専門家が足を運ばないケースが多いからです。

# 本社所在地に注目するのは、「隠れた有望銘柄」探しの１つの手段といえます。

## アナリストの仕事が株価を動かす

企業を分析して自分なりに適正な株価をはじき出すのがアナリストの仕事です。実際に会社へ出向いて財務担当者などに話を聞き、それをもとに会社のレポートを執筆します。彼らの取材対象になった会社はレポートを通じて、多くの投資家の目に触れる機会が増えるため、株式市場での売買も頻繁になる傾向があります。それに伴い、株価は合理的な水準へと収斂《しゅうれん》していきます。

**ただし、アナリストがカバーしている会社は約１２００社。上場企業全体の３分の１程度です。**

絶えずチェックしている会社はさらに少なく、「200〜300社程度」といった見方もあります。どの会社がカバーされているかを知るのは簡単ではありませんが、**会社によってはホームページのIR情報でカバーしているアナリストのリストを掲載しているケースもあります。**

地方に本社を構える上場企業を見つけたら業績欄をチェック。収益好調であることがわかったら、次は前出のPERやPBRなどのモノサシを駆使して割安かどうかを確認してみましょう。

**そこに投資の大きなチャンスが隠れているかもしれません。**

# チャートから有望銘柄を発見するには？

## 株価をわかりやすくグラフ化したもの

株価の推移をわかりやすくグラフ化したチャートを目にしたことのある方も多いでしょう。『四季報』にも掲載されていますし、「Ｙａｈｏｏ！ファイナンス」などの投資の情報サイトにも載っています。

## チャートから読めてくる値上がりしそうな銘柄

では、『四季報』のチャートを見て、値上がりの可能性が高い銘柄を選ぶにはどのようなアプローチが有効なのでしょうか。

まずは「本社所在地」からの有望株探しと同様、好業績銘柄をピックアップ。次にチャートを確認します。

●むしろ右肩下がりを選ぶべし

**ポイントは、チャートが右肩上がりでなく、むしろ右肩下がりぎみの銘柄を選ぶことです。**

下落した後、底値圏で推移しているような株式であればなお、望ましいでしょう。将来起こりうるさまざまな出来事を織り込んで動くのが株価。値上がりが続いている場合には、良好な業績見通しが株価に反映されてしまっている可能性が高いのです。

**「業績好調でも、株価はあまり上がっていない銘柄を探す」**

これが、株価チャートを活用した有望銘柄探しの肝です。

# 配当金はいつ、いくらもらえる？

## 『四季報』で配当を確認しよう

『四季報』を使った株式投資術。最後は配当について知っておきましょう。

配当は年１回、決算期末に実施する会社もあれば、第２四半期末（３月期決算企業だと９月末）と期末の年２回行う会社もあります。

**最近は四半期ごとに年４回、配当を実施する会社も出てきました。**

配当の数字を見る際に注意したいのが、株式分割などに伴う調整です。

株式分割とは株式市場での流動性を高めたり、株価を引き下げて買いやすくしたりする目的

## 配当はここで見る！

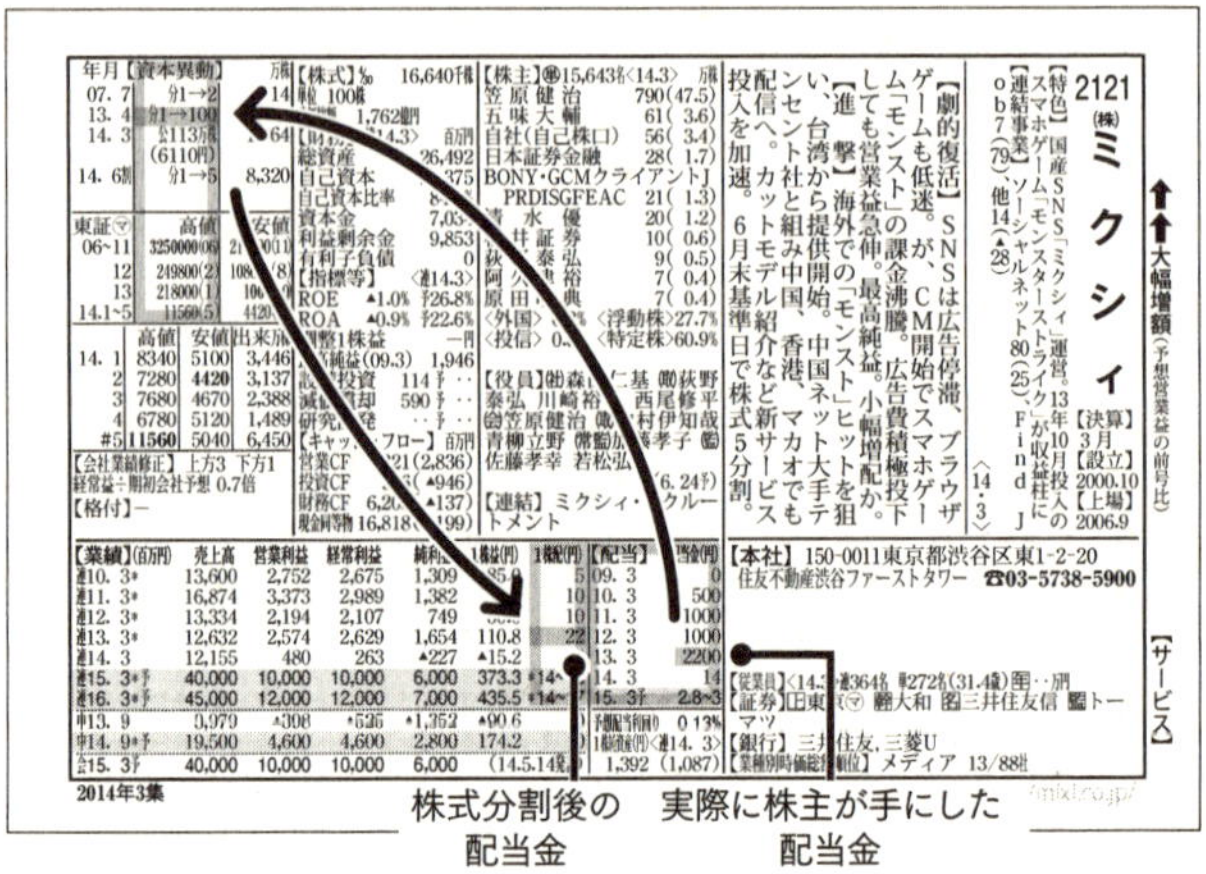


で、会社が「発行済み株式数」を増やすことをいいます。

分割を行って1株を100株にする場合、株価1万円の株式であれば、100株への分割に伴って理論上の株価は100円になります。

### 配当はどこでわかるか

ここで、ゲーム関連株「ミクシィ」を例に『四季報』での「配当」の見方を説明しましょう。

配当は業績数字の欄にあり、「1株配」と書かれています。ところが、よく見ると、その右側にも「配当金」が記載されています。

**この違いはいったい何でしょうか。**

左側の2013年3月期の配当実施金額の実績を見ると、22円。これに対して、右側の同期の配当額は2200円となっています。

**右側には株主が実際に手にした1株当たりの配当金の額が記載されているのです。**

**一方、左側の「1株配」の部分は株式分割を行った後の配当金額です。**

左側の上にある「資本異動」という欄を見てください。「13・4 分1→100」という表記は、2013年4月に1対100で株式分割を行ったことを意味しています。

## ●「実質配当利回り」というモノサシ

ここで、「実質配当利回り」という考えを紹介しておきましょう。

**「実質配当利回り」とは配当に、株主優待の内容を金額換算したものを足し、その合計額を株価で割って求めます。**

北海道で学習塾「北大学力増進会」などを運営している東証1部上場の「進学会」の2016年3月期配当予想は1株当たり10円。最低投資金額（手数料を除く）は株価の540円に売買単位の100株を掛けた5万4000円です。

このときの配当利回りは「10÷540×100」で、約1・85％。

**これだけでも結構、おトク感がありそうですが、同時に株主優待も実施しています。**

3月期末に100株以上保有している株主に対し、3000円相当の優待券（500円×6枚）を配布。この券は自社経営の学習塾とスポーツクラブで利用可能です。

同じく100株保有しているとすれば、優待の利回りをはじき出すと、「3000÷5万4000×100」で約5・56％。

**実質配当利回りは「1・85％＋5・56％＝7・41％」と、高水準に達する計算です。**

## ●株式売買にかかる税金

最後に、株式売買にかかる税金にも触れておきましょう。

**購入した株式を売却して値上がり益を実現したときには、売却益に対して課税されます。**

現在の税率は20・315％。所得税並びに復興特別所得税が15・315％で住民税が5％という内訳です。譲渡所得については確定申告が必要なケースと不要なケースがあります。

**「値上がり益」でなく、「値下がり損」となった際には課税されません。**

# 配当も課税対象になります。

基本的には20・315％の源泉徴収がなされるため、確定申告の必要はありません。ただ、申告をすると配当控除の適用を受けたり、株式などの損失との損益通算ができたりします。

# 債券投資の基礎知識

## 安定して利回りが保証されている商品

株式のほか、債券への投資も1つの手です。

債券とは国や地方公共団体、企業、金融機関などが資金調達のために発行する借用証書のことをいいます。

私たち投資する側からすれば、株式や投資信託などに比べると安全性が高く、満期まで持てば預けたお金が全額、手元に返ってくる確率が高くなっています。

**満期になるまでの間、利息を受け取ることもできます。**

安定して利回りが保証された商品なのです。

## 国や企業の状況によって安全性が決まる

発行する側からすれば、債券を買ってくれた投資家（私たち）に対して借金をしているのと同じことになります。国が発行する債券であれば、国がつぶれない限りは借金を返してくれる確率が高いので、一般的にはそれだけ安全性が高くなるといえるでしょう。

ただ、国によって財政が逼迫《ひっぱく》し、**借金を返せない状況、いわゆるデフォルト（債務不履行）に陥る場合もあります。**社債（事業債）を発行する企業も同じことです。

**安全かどうかは、企業の経営状況で変わってきます。**

## 格付けで安全性を見極める

安全性を見極める際に、1つの目安となるのが「格付け」です。格付けは元本の返済と利息の支払いが確実かどうかの度合いを格付け会社が評価し、ランク付けしたものです。

**格付けが高ければ高いほど、元本と利息が支払われる確実性も高まることを意味します。**

一般には格付けの高い債券ほど利回りが低く、逆に低い債券ほど利回りが高くなります。

**借金を返せるかどうかわからない人（国や企業）がお金を借りようとすれば、高い金利でなければお金を集めることができない、という理屈です。**

## 「AAA」がもっとも高い信用度

日本の格付け会社で有名なのは、格付投資情報センター（R&I）。世界的には、アメリカのスタンダード&プアーズ（S&P）、ムーディーズ、イギリス並びにアメリカに本拠を置くフィッチ・レーティングスが三大格付け機関といわれています。

R&Iが行っている満期日までの期間が長い「長期債」の格付けでは、「AAA（トリプルA）」から「D（シングルD）」まで格付けを9つの段階に分けています。

債券の信用度がもっとも高いのは「AAA」です。

**「BB（ダブルB）」以下はハイ・イールド債券（高利回り事業債、いわゆる「ジャンク債」）です。**

これは、債務不履行リスク（元利が支払われないリスクのこと。デフォルトリスク）は高いけれど、その分利回りが高い債券という位置づけです。

ただし、日本にはこのハイ・イールド債券が事実上存在しないため、投資する際は投資信託を通じて海外のハイ・イールド債に投資することが一般的です。

### 価格変動によって利回りが変化する

債券投資にはデフォルト（債務不履行）リスクだけでなく、価格変動リスクもあります。債券は預金と異なり、満期を迎える前に売買をすることができますが、その際には売却益が出ることもあれば、売却損が出ることもあります。

債券は価格変動に伴って利回りが変化します。

**金利が上昇すれば債券価格は下がり、逆に金利が低下する局面では価格が上がります。**

価格が値下がりすれば、投資家のお金を集めるために高い利回りが必要となり、逆に価格が値上がりすると、高い利回りでお金を集める必要がなくなる、と考えればわかりやすいでしょう。

## 為替変動リスクにも注意

海外の国々や企業が発行した債券を買おうとすれば、為替変動リスクにも注意しなければなりません。満期での償還《しょうかん》（期限が来て投資家に資金が返されること）や、利払い時の受け取り金額はそのときの為替レートに応じて変動します。**商品の購入時に比べて円高になっていれば、受け取り金額は目減りしてしまいます。**利回りの高い外債などに投資しても、円高が進行した結果、利息分を帳消しして元本割れになる可能性もあります。

株式や投資信託（次の章で説明します）などでも、**外貨建ての商品が投資対象になる場合には為替変動リスクがあることに留意してください。**

## 債券の売買で気をつけたいこと

● 1万円から購入することができる

**債券は1万円から買うことができます。もっともポピュラーなのが個人向け国債です。**

これには満期日までの期間が3年、5年、10年のものがあり、このうち、3年物と5年物は固定金利型、10年物は変動金利型の商品です。受け取る金利は市場金利をもとにして決められ、発行後1年間は原則として中途換金ができません。

● **種類ごとに取り扱う期間が異なる**

国が発行するもっとも安全な債券といえるのが「利付国債」といえます。満期日までの期間が2年や5年などの中期国債や、10年などの長期国債があります。利付国債は流通量が多いため、途中での換金（売却）も可能です。**最低１万円から１円単位で購入することができます。**

ほかにも企業の発行する社債や一定の価格で株式と交換できる権利のついた転換社債型新株予約権付き社債（ＣＢ）、政府関係の特殊法人などが発行する政府保証債、地方公共団体の地方債、外国債など、債券の種類はさまざまです。

**証券会社、銀行、郵便局などで購入することができますが、債券の種類ごとに取り扱う機関は異なります。**

### ●債券にかかる税金は

税金にも簡単に触れておきましょう。債券の利子は原則、20・315％の源泉分離課税です。

## 確定申告の必要はありません。

譲渡益は原則、非課税です（２０１６年1月以降は株式同様、課税対象となります）。

債券の種類によってはこれに当てはまらないケースもあります。

## 物価が上がると国債投資をしても妙味がない

モノの値段が上がると（物価上昇）、金利が低い国債を買っても投資効果は期待できません。報道などで「長期国債」と称されているのは、利付国債の10年物をいいます。この国債の利回りは0・4％前後（2015年5月15日時点）。物価上昇率を考慮すれば、投資しても割に合わない商品という見方もできます。

## 投資の目的を明確にすることが大事

単にお金を守りたい、あまり勉強したくない、銀行などにただ寝かせておくよりは有効な運用を考えたいというのであれば、たとえ物価が上昇したとしても、個人向け国債や時々募集される個人向け社債で手堅く利子収入を得ていくという割り切りがあってもいいでしょう。

**目的を明確にすること——債券投資でもそれが重要です。**

# 第4章

【投資】

# 投資信託でお金を増やすテクニック

**太田 創**（おおた　つくる）

フィデリティ投信株式会社　商品マーケティング部長

1985年、関西学院大学経済学部卒。同年三菱銀行（現・三菱東京UFJ銀行）入社。その後、外資系資産運用会社等を経て、2007年フィデリティ投信入社。商品マーケティング部長として、投資信託の商品企画及びマーケティングに携わる。投資信託をはじめとする金融商品の他、海外での資金ディーラーとしての豊富な経験を活かし、市況や金融市場に関する幅広い啓蒙活動、著述、寄稿、講演を数多く手掛ける。著書に『ETF投資入門』（日経BP社）などがある。

**朝倉智也**（あさくら　ともや）

モーニングスター株式会社代表取締役社長

1989年、慶應義塾大学文学部卒。銀行、証券会社にて資産運用助言業務に従事した後、1995年米国イリノイ大学経営学修士号取得（MBA）。同年、ソフトバンク株式会社財務部にて資金調達・資金運用全般、子会社の設立および上場準備を担当、1998年、モーニングスター株式会社設立に参画し、2004年より現職。著書に『〈新版〉投資信託選びでいちばん知りたいこと』（ダイヤモンド社）などがある。

## 優秀なプロに任せて、資産を大きく伸ばす！

主にプロのファンドマネージャーが株式や債券を運用する投資信託について、フィデリティ投信株式会社で商品マーケティング部長を務める太田創氏、投資信託評価機関「モーニングスター」の代表である朝倉智也氏が説明します。

世界一の投資家ウォーレン・バフェット氏の初期の投資信託を買った人は、100万円を80億円に伸ばしているはずだと、『ビジネスは人なり 投資は価値なり』（ロジャー・ローウェンスタイン／総合法令出版）に書かれています。

日本の投資信託はまだまだ優秀なファンドマネージャーが少なく、手数料も高いですが、優秀なプロに任せれば、大きく資産を伸ばすことができます。

これから成長しそうな投資信託や株式で、割安なものがあれば、それを買う。

割安で成長している限りは配当を受け取り続け、割高になれば売る。

これを繰り返していれば、資産額はいつの間にか増えているはずです。
資産を目減りさせることを恐れる人が多いと思いますが、
どうせお金持ちになったら、資産運用からは逃げられません。
お金持ちになったときに無知でいるよりは、
貯金が少ないうちに失敗して知恵を蓄えたほうが、
結果的には得することになるでしょう。

投資信託の魅力は、自分一人では絶対に買えない金額の資産を、
バランスよく保有できること。
不動産のビッグプロジェクトに投資できるJリートや、
株式と同じように売買できるETFなど、さまざまな商品がありますので、
本書で研究して、少額でもいいから試してみてください。

土井英司

## ピンポイント解説！　投資信託の基礎知識

### 販売するのは主に証券会社、銀行、郵便局

投資信託（投信やファンドともいわれます）は、私たち個人投資家などから集めたお金を投資のプロ（ファンドマネージャー）が代わりに運用する商品です。

具体的には、投資家から預かったお金を資産運用会社が国内外の株式や債券（国や企業の借用証書）、コモディティ（商品）、不動産などへ投資します。

**その成果が、売却益や分配金として私たち投資家へ還元されます**（分配金として還元されず、再投資に充てる投資信託もあります）。

投資信託を販売するのは主に証券会社、銀行、郵便局などです。オンライン専業の証券会社でも購入することができます。

投資信託の仕組み

## 取り扱う商品は会社によって異なります。

一部の資産運用会社の中には投資家に直接、投資信託を販売するところもあります。

### 複数の対象に分散して投資する

投資信託の場合、複数の株式、あるいは複数の金融商品を分散して購入するのが大きな特徴です。

資金を分散することで、他の商品が値下がりしても、ショックを吸収できるわけです。

### ファンドマネージャーの力が大きい

私たち投資家から集めた資金をどう運用する

かはファンドマネージャーが決め、投資信託を購入した投資家にその運用成果や運用状況を開示しています。

市場環境やファンドマネージャーの運用成績で運用成果が変動するため、**私たちが預けたお金が必ずしも増えて手元に戻ってくるとは限りません。**

## ●注目を集めるJリート

最近、注目を集めるのがJリート（J－REIT／上場不動産投資信託）です。

これはJリートのみを運用する目的で設立された不動産投資法人がオフィスビル、マンションなどを購入。**賃貸収入や売買益を投資家に還元するタイプの投資信託です。**売買は証券会社に口座を開設した上で行います。

株式と同様、購入時や売却時に手数料が発生しますが、運用期間中に必要な信託報酬はかかりません。ただし、運用報酬は実費ベースでかかります。

税金も上場株式と同じで、分配金や譲渡益に対して20・315％が課税されます。確定申告により、損益通算が可能です（160ページ参照）。

## ●〝選ぶのに悩む〟人ならETF

もう1つ、投資家の人気を集めている商品がETF（上場投資信託）です。
これは、日本の株式市場を代表する指数として知られる「日経平均株価」や「東証株価指数（TOPIX）」などの運用指数（ベンチマーク）と同じ値動きになるように作られた投資信託です。
たとえば、TOPIXに連動するETFを購入すると、TOPIX全体に投資しているような効果を持ちます。どの株式を選んだらいいかわからない、と悩む方にはおすすめの商品といえるでしょう。

**手数料や信託報酬率が低いことも魅力です。**

ETFに関しては188ページで改めて説明します。

# 投資信託の購入・解約はここをチェック！

## 積み立てなら1000円から購入可能

投資信託のメリットの1つは少額から購入ができることです。株式は最低の売買単位が決まっており、最近は100株単位のところが多くなっています。このため、たとえば、300円の株式を買おうとすれば、手数料などを除いて3万円が必要になります。

**一方、投資信託は1万円から購入が可能。積み立てなら1000円から購入できます。**

投資信託の値段は「基準価額《かがく》」と呼ばれ、取引単位を「口《くち》」といいます。

1万円で基準価額2000円の投資信託を買うと、1万円÷2000＝5口の購入になります。なお、投資信託の基準価額は「1万口あたり」で表示されています。基準価額が2000円ということは、実際は、1口＝0・2円なので、口数は5万口（1万÷0・2）となります。

## まずは商品の個性を理解する

あなたが投資信託を買いたいと思ったら、まずは商品特性を知りましょう。株式に投資する投資信託なのか、公社債に投資する投資信託なのか。日本株を投資対象にしているのか、国債などを組み入れているのか。海外の資産であれば、先進国や新興国の株式や債券を組み入れたものなのか。そうしたさまざまな資産に分散投資した商品であるのか……。

**あなた自身の資産額やリスク許容度と照らし合わせながら、好みの投資信託を探すことです。**

具体的にどんな人にどんな投資信託がおすすめかは、この章の後半で説明します。

## 手数料などのコストをよく考えて

# 購入時に気をつけておきたいのがコストです。

販売会社に支払う「販売手数料」と、運用会社が受け取る「信託報酬」の2つがその大半を占めると考えておけばいいでしょう。

**販売手数料が平均3%、信託報酬が平均1・5%として合わせて初年度4・5%程度かかります。**

株式の配当の平均は日経平均株価で1・2%、TOPIXで1・4%程度ですから、いかに高いのかがよくわかるでしょう。これが投資信託を購入する際、よく知っておくべきポイントの1つです。

なお、販売手数料は投資信託購入時に販売会社に直接支払います。一方、信託報酬は投資信託の信託財産から運用会社に間接的に支払われるものです。

**● 販売手数料が無料でも信託報酬はかかる**

## なかには、販売手数料がかからない投資信託もあります。

これを「ノーロード」といいます。

オンライン専業証券会社や一部の地方銀行などが「ノーロード」商品を取り扱っていますが、積極的に宣伝しているわけではありません。投資信託評価機関「モーニングスター」のホームページなどで検索して、自分で探してみましょう。

しかし、**同時に信託報酬のチェックを怠らないようにしてください。**

前述の通り、国内設定の全投資信託の信託報酬の平均は年間1・5%前後です。「ノーロード」のインデックス投資信託の場合、信託報酬は年0・5%程度のところが多いです。「ノーロード」だからといって、まったくコストがかからないわけではありません。

**そこを勘違いしないことです。**

### 投資信託説明書と運用報告書のここを見る

投資信託を購入する際に負担する費用などについては、「投資信託説明書」という書類にすべて記載されています。投資信託説明書は、取引する投資家へ金融機関が交付することを、法律で義務づけられた書類です。

初めて投資信託説明書を見ると、難しい言葉が並んでいるように見えますが、わからないと

## 運用報告書はここをチェック！

| | |
|---|---|
| ①決算期中の運用実績 | →運用した結果どうなったか |
| ②投資環境 | →どんな環境で運用してきたか |
| ③運用概況 | →どのように運用したか |
| ④今後の運用方針 | →これからどのように運用していくか |
| ⑤費用の明細 | →どれくらいのコストがかかっているか |

※「モーニングスター」のHPを参考に作成

ころはどんどん販売会社に聞いていきましょう。

**運用会社は6カ月に1度の割合で、「運用報告書」の作成も義務づけられています。**

これは、あなたが投資信託を買ったら、必ず送られてくる報告書で、運用実績や基準価額の推移、分配金の有無やその内容などを確認しておきましょう。

### ●ファンド・オブ・ファンズとは？

信託報酬をチェックする際に気をつけたいのが、「ファンド・オブ・ファンズ」の存在です。**ファンド・オブ・ファンズとは「投資信託に投資する投資信託」です。**

複数の株式や債券などを購入するのではなく、複数の投資信託を買いつけるものです。

**それに伴って投資信託の「分散効果」が一段と高まるというわけです。**


あなたが投資信託を買う場合、複数の投資信託を買う手間も省けます。

一方、ファンド・オブ・ファンズには注意点もあります。

それは、組み入れる投資対象ファンドが複数になるため、一般投資家レベルで個々のファンドの運用コストを正確に把握するのが難しくなる、ということです。

組み入れファンドが増えれば増えるほど、コスト構造が複雑になったり、運用経費が高くなったりする傾向があります。

こうしたファンドに投資する際は、販売会社の担当者に、必ず購入当初と購入後のトータルコストがいくらになるか確認することをおすすめします。


**コストに対しては敏感になることが大事です。**

● **チェックポイント――過去の運用実績**

過去の運用実績（トラックレコード）も重要なチェックポイントの1つとなります。**長年にわたって高い水準の収益を上げてきた投資信託であれば、信頼性が高まります。**

たとえば、2007年のサブプライムローン問題や2008年のリーマンショックなどの危機を乗り越えてこの10年にわたり、高いパフォーマンスを上げてきた投資信託であれば、絶対ではないにせよ、**ある程度は今後も安定したパフォーマンスが期待できるでしょう。**

● **チェックポイント――「繰り上げ償還」の条件**

前述したように、投資信託は個人投資家から集めたお金を、プロが運用するものです。

**「投資家から集めた資金の合計」を「純資産総額」といいます。**

あらかじめ運用期間が定められた投資信託の場合、投資家が解約（投資信託は「売却」ではなく「解約」といいます）することで、「投資家から集めた資金の合計」が減る場合もあります。減ってしまって、一定の水準を下回ると、決められた期間の前に、預けたお金が投資家に払い戻される可能性があります。

## 運用資産が減って、ファンドマネージャーが効率的に運用できなくなるからです。

これを専門用語では「繰り上げ償還《しょうかん》」といいます。「償還」は「最後にお金が払い戻される日」と覚えておけばいいでしょう。「繰り上げ償還」の条件に関しても、投資信託説明書に記載されているので、事前に十分チェックしましょう。

### ●チェックポイント――資産残高の推移

投資家から預かった運用資産の残高も重要なチェックポイントです。

ただし、投資対象や組み入れている資産によって、適正な「純資産総額」は異なります。

規模の大小よりは、**資金の流出や流入が大きくないか、分散投資は適切に行われているかな**

どを、「純資産総額」の推移とともに知っておくことが重要です。

100億円の純資産総額で10銘柄を購入している株式投信を例に考えてみましょう。

## 投資家の資金が流入し、資産額が1000億円にふくらんだらどうなるか。

10銘柄をさらに買い増すか、あるいは他の銘柄を購入するのかといった判断を、ファンドマネージャーは迫られることになるでしょう。

### チェックポイント——リスク管理の姿勢

繰り返しになりますが、投資信託は元本が保証されていない金融商品です。**買えば買うほど下落したときの損失が大きくなる心配があります。**

問われるのはそうした際、資産運用会社がどのようなリスク管理体制に基づいて運用しているかです。

純資産総額が増えれば増えるほど、信託報酬もふくらむため、「多ければ多いほどいい」となりがちですが、**資産運用会社の中には「この投資信託に対しては1000億円以上は受け入れられません」などと資金の受け入れを停止するところもあります。**

募集を停止するのは、資産を多く集めればいいという資産重視の姿勢ではなく、適度の資産規模でも、運用パフォーマンスを上げたいという運用重視の姿勢のあらわれです。販売用資料や投資信託説明書、会社案内を読み解き、そうした姿勢の見極めを心掛けたいものです。

## チェックポイント――解約時のペナルティ

解約時のコストとして意識しておきたいのが、「信託財産留保額」の有無です。**これは運用期間終了を待たずに解約する際、他の投資家に迷惑をかけてしまうことへの費用をペナルティとして支払うものです。**

仮に純資産総額１００億円の投資信託があり、投資家が２人いて、うち１人は90億円、残る１人は10億円を運用していたとしましょう。

そのとき、90億円の資産を預けていた投資家が解約に踏み切ったとたん、90億円の株式や債券を売却して現金化しなければならないため、残された10億円の資金を同じように運用していくことは難しくなります。

**残った投資家が被る不公正さを解消しようというのが、この制度の趣旨です。**

ペナルティ分は解約した投資家の換金代金から差し引かれますが、販売会社や資産運用会社が受け取るわけではなく、投資信託の財産に繰り戻されることになります。

この制度も販売用資料や投資信託説明書などで事前に調べることができます。

### ●チェックポイント——ファンドマネージャーの実績

投資信託選びには定量的な数値だけでなく、定性的な情報もモノサシとして不可欠です。

運用を行うファンドマネージャーの情報が開示されているかどうかといった点にも注意してください。

「投資信託大国」のアメリカの場合、ファンドマネージャーの経歴や実績の開示が義務づけられていますが、日本ではあくまでも運用会社の自主性に委ねているのが現状です。

## お金を預ける側からすれば、どのような人物が運用に携わっているかはぜひ知りたいところ。

運用報告書には、ファンドマネージャーが顔写真入りでコメントを掲載しているところもあります。そうしたファンドマネージャーの考え方などを参考にするとともに、より深い情報が知りたければ、直接、販売会社に問い合わせてもいいでしょう。

# ＥＴＦ（上場投資信託）はコスト面と機動性で人気が高い

## いつでも売買できる機動性で人気

ＥＴＦ（上場投資信託）が人気になっているのは、従来の投資信託の欠点だった「機動性」を補う商品だからです。他の投資信託は1日に1回公表される基準価額による取引しかできません。

一方、**ＥＴＦは上場しているため、取引時間中は株式と同じようにいつでも売買できます。**信用取引や前章で説明した「指し値注文」なども可能です。

## 「ハイリスク・ハイリターン」で人気の商品も

最近、特に個人投資家の売買が活発化しているのは、日経平均株価の騰落《とうらく》率に連動する「日経平均レバレッジ・インデックス連動型」のＥＴＦです。レバレッジは「てこの作用」という意味です。

こうしたレバレッジ型（または逆に作用するインバース型）のＥＴＦは、たとえば日経平均株価の動きの２倍（インバース型の場合はマイナス２倍）の投資成果を得ることを目的として運用されています。

**つまり、日経平均が５％上昇すれば、10％の値上がり。**

**逆に５％下落すると、値下がり率は10％に広がるわけです。**

「ハイリスク・ハイリターン」という商品特性が、「デイ・トレーダー」など短期売買を好む投資家に人気となっています。

## ●わかりやすさも人気の要因

個別銘柄への投資に比べると、「わかりやすい」のもＥＴＦ人気の一因でしょう。個々の企業の業績などを予測するのはプロでも難しいもの。

**その点、日経平均株価であれば、新聞やテレビは連日報道しており、親しみやすい面がありそうです。**

## ●海外物もあるが人気はイマイチ

ＥＴＦは日本の株式市場の指数に連動するものばかりではありません。米国株の指数をベンチマークにした商品などラインナップは豊富です。

もっとも、海外物のＥＴＦは今のところ、売買が活発とはいえません。

**ニューヨーク市場の取引が行われているのは、多くの日本人が眠りについている時間。機動**的な対応は難しいからです。

## ●コスト面でも優位性が高い

## ＥＴＦはコスト面でも優位です。

ベンチマークとなる株価指数に連動させるには、指数の算出対象となる構成銘柄をすべて組み込むのが一番の近道。日経平均株価の採用銘柄数は２２５。２２５銘柄を購入すれば、そのパフォーマンスは日経平均株価にほぼ一致します。

## このため、投資対象となる企業を調査する必要などがありません。

それゆえ、運用会社の受け取る「信託報酬」は他の投資信託に比べて低いのが一般的です。ＥＴＦにもよりますが、たとえば日経平均株価ＥＴＦなら低いものは信託報酬が年０・０７８％からです。しかも、ＥＴＦの場合、購入や売却時に販売会社へ売買手数料を支払わなければなりませんが、信託報酬はかなり低額に抑えられています。

**それらを踏まえれば、投資信託であるインデックス・ファンドよりもＥＴＦを買うほうがコスト的におトクといえるでしょう。**

## ＮＩＳＡ活用には投資信託がおすすめ

### 投資で儲かったお金に税金がかからない

２０１４年１月から少額投資非課税制度（ＮＩＳＡ）がスタートしました。ＮＩＳＡは「ニーサ」と読みます。

株式や投資信託への投資で生じた値上がり益、配当金、分配金への課税が年間１００万円を上限として非課税になる制度で、２０１６年からは上限が１２０万円に引き上げられます。非課税期間は５年です。

これは、非課税枠は12の倍数にしたほうが積立投資には便利なので、１００万円のままだと「使い勝手が悪い」と見られているからです。

### ただし、金額と期間に制限あり

たとえば株式を購入。その代金が90万円だったとしましょう。年内に95万円で売却すれば、これに伴う値上がり益５万円は非課税扱いになります。その後、同じ年のうちに再び、株式を購入しようとすると、残る非課税枠は１００万円から最初の投資元本90万円を差し引いた10万円だけになってしまいます。

つまり、株式を売却し、ＮＩＳＡ枠の口座の資金残高が0円になったからといって、枠が再び１００万円に戻るわけではありません。

１００万円の上限にはあっという間に達してしまうため、株式の頻繁な売買には不向きといえます。

## ●今のところ非課税期間は５年

５年の非課税期間についても各年の上限が１００万円で、

**前年の余り分を翌年に持ち越すことはできない仕組みです。**

この非課税期間に関しても、専門家の間で「撤廃すべき」との声があります。詳細は省きますが、ＮＩＳＡ枠の活用で発生した含み損を課税口座に移して価格が回復するのを待つようなケースだと、話がややこしくなってしまうのです。

### ●ＮＩＳＡに向いているのは株式よりも投資信託

株式の場合、毎年１００万円という枠にぴったりという額では買えないことも多いです。仮に売買単位（単元）が１００株で株価が１２００円の銘柄を買うとしましょう。最低購入金額は手数料を除くと12万円。１００万円の非課税枠であれば、８単元まで買うことができます。そのときの投資金額は計96万円。４万円の枠が余る計算です。それを踏まえれば、

## 投資信託（投信）がＮＩＳＡには適した商品といえそうです。

というのも、投資信託は最低1万円から1円単位で投資することができる使い勝手のよさがあるためです。特にその中でも「毎月分配型投資信託」がＮＩＳＡ活用に適しているという専

門家の声が多くあります。

## 毎月のようにお小遣いが入ってくる「毎月分配型投資信託」

毎月分配型は高齢者を中心に人気の商品です。運用資産の一部を原資に、「分配金」として支払います。現在、**約５５００本運用されている公募投資信託のうち、残高ベースでは７割超が毎月分配型です。**

分配金の源泉は、投資信託が運用を通じて受け取る株式の配当金や債券の利子と、株式や債券の値上がり益に分かれます。

預貯金の場合、預けた元本に上乗せして利子や利息がつきますが、投資信託の分配金は運用資産から支払われるため、分配金の支払い後は資産が減り、それに伴って基準価額が下がります。

分配型投資信託が支持を集めているのは、

**「〝お小遣い〟が毎月のように入ってくる」**

といった安心感が理由の１つです。

一方で、運用で得られた利益をさらに投資することによって資産が増える、いわゆる「複利効果」が見込みにくくなるというデメリットがあります。

## ●儲けを分配する投資信託、資産を分配する投資信託

**分配金の中身が投資信託の運用状況によって異なる点にも注意が必要です。**

必ずしも投資信託が投資対象としている株式や債券の配当・利子収入だけで賄われているわけではなく、分配金が変動する可能性もあります。

分配金には「普通分配金」と「特別分配金（元本払戻金）」の2種類があります。投資信託の収益、つまり「儲け」を充てているのが普通分配金。「特別分配金」は運用資産の一部を取り崩して分配金に回します。

## ●実は、安定した分配のある投資信託は……

# 普通分配金は課税対象になりますが、特別分配金は非課税です。

基準価額1万円で購入した投資信託が1カ月後に1万5000円へ値上がりしたとしましょう。このうち、1000円を分配すれば、分配金落ち後の基準価額は9500円です。分配金1000円のうち、1万円と1万5000円の差額500円については、運用収益から支払われていると見なされて、「普通分配金」の扱いになります。

これに対して、1万円と分配後の基準価額9500円の差額である500円については、元本の払い戻しと見なされるため、「特別分配金」扱いになります。

**実は毎月安定した分配金を支払っている投資信託には、元本部分を取り崩して分配金の支払いに充てるような投資信託もあるのです。**

ただし、これはすべての投資家に平等に分配金を支払うための措置であり、投資信託関連法令に基づいたものとなっています。

## 分配方針は資料でしっかり確認しよう

非課税である特別分配金をもらうということは、投資信託を購入する際に支払った元本の一部が戻ってきているだけです。非課税なのも当然です。特別分配金の支払いが多いケースではわざわざ非課税枠のＮＩＳＡを活用する意味がなくなってしまいます。

## 分配方針は投資信託によって異なります。

販売会社から送付される投資信託説明書（交付投資信託説明書）で運用方針をじっくりと確認しましょう。

### ●「分配型」はリスクを取りたくない人におすすめ

もう1つ大事な点は、分配金が普通分配金で支払われるか、特別分配金で支払われるかを決める最大の要因は、投資家の購入時の基準価額（個別元本）であるということです。

**購入時の基準価額を現在の価額が上回っているかどうかで分配金の中身は変わります。毎月分配型の投資信託をＮＩＳＡ口座で購入する際にはチェックが必要です。**

もっとも、分配金にはクッションのような効果があります。相場の下落で元本が目減りしていても、受け取った分配金が元本の減少分を相殺してしまうこともあります。

**あなたがさほどリスクを取りたくないと思っているなら、適した商品ともいえるでしょう。**

あくまでも資産価格の上昇が前提ですが、**長期投資であれば複利運用効果は大きくなります。**それを狙うのであれば、分配金を受け取らずに再投資へ回す投資信託を選んだほうがいいでしょう。分配型の投資信託には分配金を支払う決算（頻度）を年１回にした商品や、年１回決算をしても分配金を支払わない商品もあります。

**投資期間や目的に応じた投資信託の選択が大事ということです。**

## NISAに向いた投資信託は？

では、NISAでの運用に適した投資信託にはどのようなものがあるでしょう。

その投資信託が分配金を支払うかどうかを別にすると、１つは市場平均よりもより高い運用成果を求める「アクティブ型」の投資信託、もう１つは日経平均株価や東証株価指数（TOPIX）などの指数に連動する「インデックス型」の投資信託です。

上場投資信託（ETF）もその対象となりますが、株式同様、たとえば「毎月１万円分を購入する」というように金額を決めて買えないので、NISA枠を管理する際には注意が必要です。

特に若い年代で長期的に投資に取り組めるなら、デフレ脱却と景気拡大が現実化することを前提に、資産価値の上昇を見込んで、主に株式を投資対象とする投資信託に賭けてみるのも１つの手かもしれません。

**より高い運用成果を目指すならアクティブ型、市場平均程度の運用成果で十分ならインデックス型もしくはＥＴＦ**に投資してはいかがでしょう。

インデックス型であれば、アクティブ型に比べて手数料も割安です。ＥＴＦには株式だけでなく、コモディティ（商品）インデックスに連動した投資信託もあります。そうしたものも選択肢となるでしょう。

ただし、投資信託でも株式でもいったん解約や売却をすると、その投資金額分についてはＮＩＳＡ枠は使えなくなったり税制面での優遇措置の対象外になってしまいます。

**投資期間とＮＩＳＡ枠の管理はしっかり確認すべきでしょう。**

# これから投資するならこの商品

## 急速に高まる「ソトモノ」人気

ＮＩＳＡ口座での購入には不向きであっても、今後、有望と見られる投資信託は存在します。

昨今、円安シナリオが優勢となるにつれて、投資家の間でも外国の株式や債券などに投資する「ソトモノ」への関心が高まっています。

**「外貨を円に換えた際の目減りリスクが低い」と見ているからです。**

世界の先進国の金利はいずれも低い水準で推移していますが、それでも日本に比べれば高いのが人気を集めている一因です。前述の毎月分配型でも米国債を主な組み入れ対象にした外国債券ファンドなどが主流となっています。

### ●長い目で見るなら新興国への投資

先進国だけでなく、新興国資産への投資も一考の余地がありそうです。

販売会社は手数料の安さゆえにあまり乗り気ではないようですが、今はロシアなど新興国のETFも購入が可能になっています。

政情不安などネガティブな材料が散見されますし、通貨の流動性が乏しく、いきおい、為替変動のリスクは大きくなりがちでもあります。このため、1〜2年といった短期決戦で高い運用収益を狙えるかどうかとなると、きわめて不確実といわざるを得ません。

## それでも、長い目で見れば一段の成長が期待できるでしょう。

中間層がさらに厚みを増し、国内総生産（GDP）の拡大が見込めそうです。そうした中で、ブラジルやトルコなどの飛躍に期待してみるのも選択肢の1つになるかもしれません。

## 新興国投資は高難度。だからこその投資信託

現在ならばこうした国々の株式に直接投資することも可能になりましたが、それでもまだ日本にいながら企業情報などを入手するのは必ずしも容易ではなかったりします。

**現地での情報開示が十分かどうかさえわからないのであれば、投資信託を購入し、実際の投資の判断はファンドマネージャーに委ねる作戦もアリでしょう。**

## 利回りのよさなら「通貨選択型」投資信託だが

最近は新興国の通貨に投資する「通貨選択型」と呼ばれる商品も人気です。

組み入れ資産の値上がり益や利子・配当収入に加えて、為替変動による差益や、選択した通**貨と円の金利差を狙った「ヘッジプレミアム」などを運用収益に上乗せした投資信託で、高利**回りな商品性が投資家にとっての魅力です。

ただ、仕組みはいささか複雑。為替か金利差の変動いかんで、運用成績が大幅に下がる可能性もあります。

**商品特性を十分に理解できないのであれば、購入は見送ったほうがいいでしょう。**

## 分散でリスク回避なら「バランス型」投資信託

〝分散投資〟を運用の基本に据えたい方には、「バランス型」の投資信託があります。

株式、債券、不動産といった特定の商品、あるいは日本やアメリカなど特定の国に絞り込むのではなく、複数の国の市場や複数の資産で運用する商品です。

自分で分散投資をしようと思っても、どの資産をどの程度組み入れたらいいのか、といった悩みに直面するかもしれません。

**そうした投資の壁を取り除いたのがバランス型の投資信託です。**

投資信託でもさまざまな資産の投資信託を複数購入しようとすれば、その分資金が必要ですが、バランス型投資信託であれば少額で分散ができます。運用期間中の「リバランス」（次に説明します）も不要です。

## リバランスとは？

たとえば、国内株式投資信託と外債投資信託を組み合わせて運用を始めたときの運用比率が、国内株式３割に対して外債７割と外債偏重だったとします。その後、国内株式の値上がりによって比率が「50対50」になった場合、国内株の一部を売却した資金で外債を買い増す。これが「リバランス」です。

## バランス型投資信託はリバランスもお任せ

バランス型投資信託ではリバランスも運用者が定期的に行います。ただ、プロに委ねる作業が多い分、コストは割高です。もっとも、最近は報酬を低めに設定する投資信託も出始めています。

# 「投資信託のご意見番！」が教える<br>年代別のおすすめ投資戦略

## 何をどのくらい組み入れるか

**資産運用は長期で考えるか、短期で考えるかによって中身を変える必要があります。**

リスク許容度も考慮すべき点の1つです。

「配当益を重視して、安定した運用を心掛けたい」というのであれば、海外の資産でも新興国ではなく先進国中心になります。

ここでは、20代、30代、40代、50代の各年代別に、国内外の株式ならびに債券のファンド投資を行う際のモデルポートフォリオを紹介します。私（朝倉）が組み入れ対象としておすすめの投資信託も紹介しています。資産運用の参考にしていただければ幸いです。

## 「投資信託のご意見番！」が教える年代別のおすすめポートフォリオ

### 20代

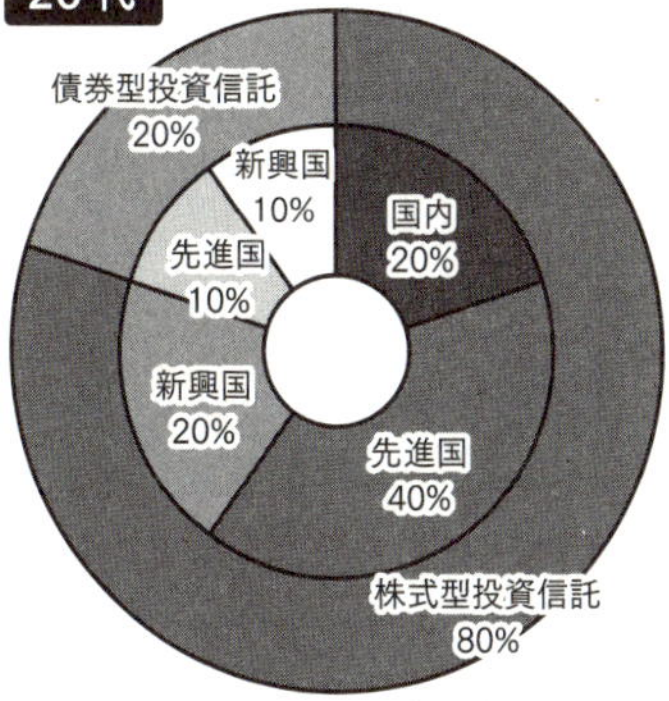


株式型投資信託：80%｛国内：20%　海外：60%｝

債券型投資信託：20%｛国内：　0%　海外：20%｝

100%

### 30代

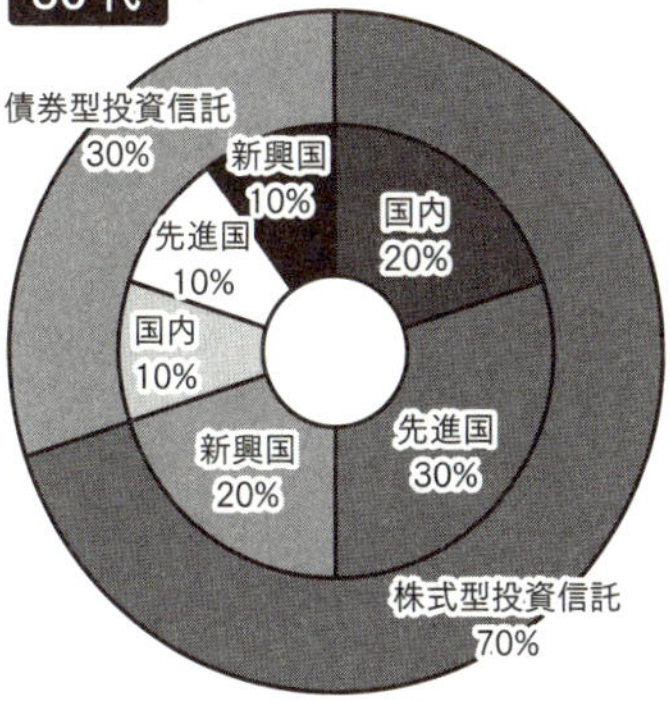


株式型投資信託：70%｛国内：20%　海外：50%｝

債券型投資信託：30%｛国内：10%　海外：20%｝

100%

### 40代

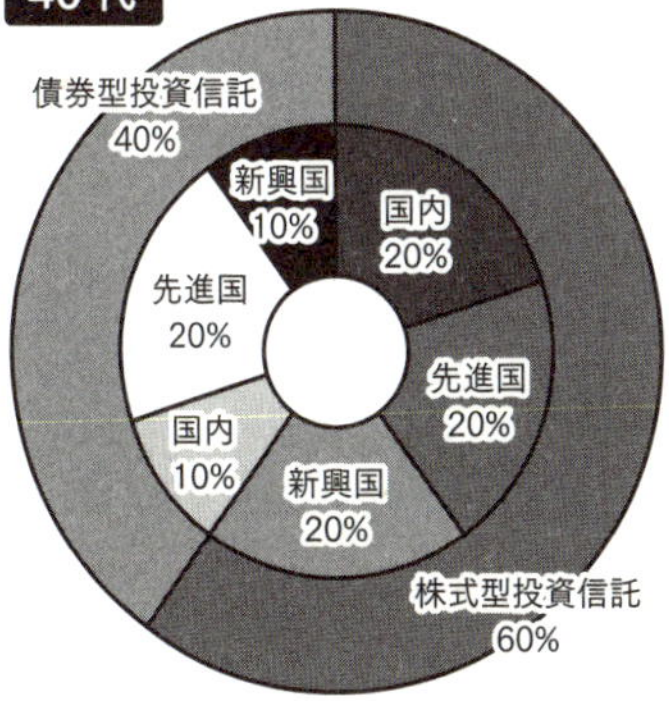


株式型投資信託：60%｛国内：20%　海外：40%｝

債券型投資信託：40%｛国内：10%　海外：30%｝

100%

### 50代

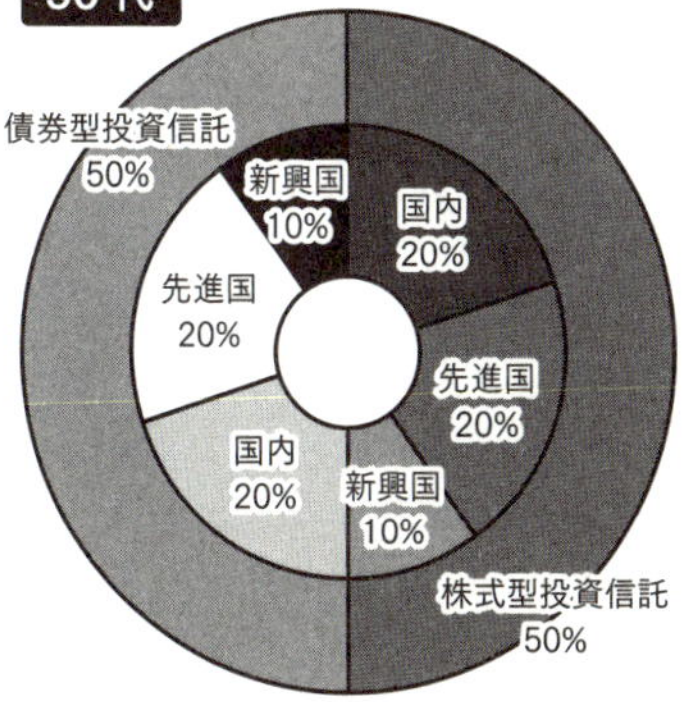


株式型投資信託：50%｛国内：20%　海外：30%｝

債券型投資信託：50%｛国内：20%　海外：30%｝

100%

| 純資産残高（億円） | 信託報酬（%） | 概要 |
|---|---|---|
| 3 | 0.313 | TOPIX(東証株価指数)の動きに連動する投資成果を目標として運用を行う投資信託。年間の信託報酬は、TOPIX連動型投資信託(ETFを除く)の中でもっとも低い。購入時の手数料が無料なので、定期的に購入する積み立てタイプの投資スタイル向き |
| 25,869 | 0.119 | TOPIXの動きに連動する投資成果を目標として運用を行い、東京証券取引所に上場しているETF(上場投資信託)。年間の信託報酬はインデックスファンドよりも低いが、上場していることで売買ごとに手数料がかかるので、定期的な購入ではなく、一括で購入する投資スタイル向き |
| 492 | 0.540 | 主要投資対象は、日本を除く海外の先進国の株式。MSCIコクサイ・インデックス(除く日本、円ベース)の動きに連動する投資成果を目標として運用を行う投資信託。年間の信託報酬は、海外の先進国株式型投資信託(ETFを除く)の中でもきわめて低い。購入時の手数料が無料なので、定期的に購入する積み立てタイプの投資スタイル向き |
| 107 | 0.162 | 主要投資対象は、日本を除く海外の先進国の株式。MSCIコクサイ・インデックス(除く日本、円ベース)の動きに連動する投資成果を目標として運用を行い、東京証券取引所に上場しているETF(上場投資信託)。年間の信託報酬はインデックスファンドよりも低いが、上場していることで売買ごとに手数料がかかるので、定期的な購入ではなく、一括で購入する投資スタイル向 |
| 273 | 0.648 | 主要投資対象は、新興国の株式。MSCIエマージング・マーケット・インデックス(円換算ベース)と連動する投資成果を目標として運用を行う投資信託。年間の信託報酬は、新興国の株式型投資信託(ETFを除く)の中でもきわめて低い。購入時の手数料が無料なので、定期的に購入する積み立てタイプの投資スタイル向き |
| 75 | 0.162 | 主要投資対象は、新興国の株式。MSCIエマージング・マーケット・インデックス(円換算ベース)と連動する投資成果を目標として運用を行い、東京証券取引所に上場しているETF(上場投資信託)。年間の信託報酬はインデックスファンドよりも低いが、上場していることで売買ごとに手数料がかかるので、定期的な購入ではなく、一括で購入する投資スタイル向き |

※純資産残高、2015年5月12日現在
※信託報酬は税込み

## モデルポートフォリオのおすすめ投資信託（株式型投資信託）

| 資産クラス | 名称 | 投資信託／ETF | 運用会社 |
| --- | --- | --- | --- |
| 国内株式 | ニッセイTOPIX<br>インデックスファンド | 投資信託 | ニッセイアセット<br>マネジメント |
| | TOPIX連動型上場投資信託 | ETF | 野村アセット<br>マネジメント |
| 先進国<br>株式 | SMT グローバル株式<br>インデックス・オープン | 投資信託 | 三井住友<br>トラスト・アセット<br>マネジメント |
| | 上場インデックスファンド<br>海外先進国株式<br>『愛称：上場MSCIコクサイ株』 | ETF | 日興アセット<br>マネジメント |
| 新興国<br>株式 | eMAXIS 新興国株式インデックス | 投資信託 | 三菱UFJ投信 |
| | 上場インデックスファンド<br>海外新興国株式<br>「愛称：上場MSCIエマージング株」 | ETF | 日興アセット<br>マネジメント |

| 純資産残高（億円） | 信託報酬（%） | 概要 |
|---|---|---|
| 9 | 0.335 | 日本の公社債に投資することにより、NOMURA-BPI総合の動きに連動する投資成果を目標として運用を行う投資信託。組み入れ銘柄は原則として投資適格銘柄に限定し、信用リスクを抑制する。購入時の手数料は無料で、年間の信託報酬も国内債券型投資信託の中できわめて低い |
| 134 | 0.540 | 主要投資対象は、日本を除く海外の先進国の公社債。シティ世界国債インデックス（除く日本、円ベース）の動きに連動する投資成果を目標として運用を行う。購入時の手数料は無料で、年間の信託報酬も海外の先進国債券型投資信託の中できわめて低い |
| 56 | 0.648 | 主要投資対象は、新興国の現地通貨建ての公社債。JPモルガンGBI-EMグローバル・ダイバーシファイド（円換算ベース）に連動する投資成果を目標として運用を行う。購入時の手数料は無料で、年間の信託報酬も海外の新興国債券型投資信託の中できわめて低い |

※純資産残高、2015年5月12日現在
※信託報酬は税込み

## モデルポートフォリオのおすすめ投資信託（債券型投資信託）

| 資産クラス | 名称 | 投資信託／ETF | 運用会社 |
|---|---|---|---|
| 国内債券 | ニッセイ国内債券<br>インデックスファンド | 投資信託 | ニッセイアセット<br>マネジメント |
| 先進国<br>債券 | SMT グローバル債券<br>インデックス・オープン | 投資信託 | 三井住友<br>トラスト・アセット<br>マネジメント |
| 新興国<br>債券 | eMAXIS 新興国債券<br>インデックス | 投資信託 | 三菱UFJ投信 |

## 「投資信託のご意見番！」が教える資産運用のルール

### ルール1

年齢が若い人ほど、よりリスクを取った運用が可能。
ポートフォリオの中身も「株式型投資信託」の比率を高くする。

### ルール2

「株式型投資信託」「債券型投資信託」両方とも、
年間の信託報酬が低く、シンプルな運用でわかりやすい
インデックス運用の資産を活用する。

### ルール3

「株式型投資信託」を一括で購入する場合は、
投資信託よりも信託報酬が低い ETF を活用する。
毎月積み立てのように定期的に購入する場合は、
購入費用がゼロの投資信託の形態を活用する。

### ルール4

「債券型投資信託」は、
信託報酬や出来高などの観点で適切な ETF が存在しないので、
すべて投資信託の形態を活用する。

# 第5章

## 【税金】
# 社長はこんなにズルをしている

### ウエスタン安藤（うえすたん　あんどう）

事業継続コンサルタント、税理士
企業継続発展のための実践会計学【会計実学】を駆使したコンサルティングでは、毎年1500万円の赤字を計上してきた企業をたった１年で優良企業化。また起業後３年間で半分が倒産するといわれる中、脱サラで起業したばかりの会社では３年で2000万円の蓄財を実現し、企業の存亡に関わる場面では、撤退のタイミングを正確に図ることで倒産の危機を免れた企業もたくさんある。バブル経済の盛衰を経験し「なぜあの企業は生き残れたのか」を徹底研究した結果、現代日本では学べない「事業継続のための会計学」の存在に気づく。その知識と技術を乞われ2006年からは某金融機関の融資審査員に就任し、貸倒率を激減させる。著書に『世界一わかりやすい会計の本』（イースト・プレス）などがある。

### 柳澤賢仁（やなぎさわ　けんじ）

柳澤国際税務会計事務所代表、税理士
論文『不確実性の税務』で2007年度日税研究賞（税理士の部）を史上最年少で受賞した国際税務とM&Aの専門家。『不確実性の税務』で指摘した税務上の「住所」の判断については、国内個人で史上最高額の納税者勝訴となった武富士贈与税事件の原告側資料となった。慶應義塾大学大学院経済学研究科修士課程を修了後、アーサー・アンダーセン、KPMGを経て、柳澤国際税務会計事務所・株式会社柳澤経営研究所を設立。アジア20カ国の会計事務所ネットワークOneAsiaを立ち上げ、日系企業の海外進出支援やクロスボーダーM＆Aで多数の実績があるほか、海外に居住したい富裕層・M&Aによる事業承継を考えるオーナー経営者向けの個人コンサルティング、税務戦略についても指導している。著書に『資金繰らない経営』（クロスメディア・パブリッシング）など。

# サラリーマンでも節税できる！

税金に興味のあるサラリーマンはいない。

そして、税金に興味のない経営者・金持ちもいない。

あなたが将来、お金持ちになる予定があるなら、いますぐ税金について学びましょう。

給料が安いうちは気にならない所得税も、所得が増えれば、大きな問題になります。

これからビジネスをしたり、投資をしたりするなら、

いまから節税対策としての会社設立を考えましょう。

平成27年からは、所得税の最高税率も上がり（所得金額４０００万円超は45％）、

特に気をつけたいところです。

会社を設立すると、飲食代、家賃、フェラーリはおろか、馬まで経費扱いにできます

（実際、執筆陣のウエスタン安藤氏は馬を経費化しています）。

経費といってピンと来ない人は、ズバリ「節税できる」と覚えておけばいいでしょう。

サラリーマンは大衆車を買って日々かかる費用を、税引き後の手取りから払いますが、社長はフェラーリを買って、費用は税引き前のお金で賄い、節税する。

さらにいいものを買うので、売るときに価値が出たりします(値段が下がっても、節税[減価償却]しているので、その分のお金で目減りした分を補えるのです)。

好きなことを仕事にすれば、あなたが好きなものは、すべて経費で買えます。

イヤな仕事をした残りカスで細々と趣味をやるよりも、いっそ副業でもいいから、好きなことを仕事にして、経費化しちゃいましょう。

ここでは、税理士のウエスタン安藤氏、柳澤賢仁氏に、賢い節税の方法についてまとめてもらいました。

安藤氏には副業と法人化による節税テクニックを、柳澤氏には、海外移住での節税法と起業した会社の賢いたたみ方を解説していただきます。

土井英司

# お金持ちへの道は税金を知ることから始まる

**「給与明細」で税金をチェックしてみよう**

保険料で引かれる額

税金で引かれる額

給与明細書

エリエス　太郎様　　2015年 6月分

| | | | | | | |
|---|---|---|---|---|---|---|
| 支給額 | 基本給 | 職務手当 | 残業手当 | 通勤手当 | | 支給計 |
| | 200,000 | 50,000 | 16,081 | 12,010 | | 278,091 |
| 控除額 | 健康保険 | 厚生年金 | 雇用保険 | 所得税 | 住民税 | 控除計 |
| | 12,961 | 21,795 | 1,390 | 5,780 | 10,100 | 52,026 |
| 支払額 | | | | | | |
| | 226,065 | | | | | |

※残業手当27ｈ（内、深夜3.5ｈ）

支払日：2015年6月25日
（有）エリエス・ブック・コンサルティング

40～64歳までの人はこの他に「介護保険料」が引かれる

その年の所得にかかる税金。「税額表」（次ページ）に基づき計算される

都道府県と市区町村に納める税金の合算。「前年の課税所得」に対してかかる部分と、定額で課税される部分からなる

## 所得税はお金持ちほど税率が高い

私たちにもっとも身近な税金といえば消費税ですが、2番目はやはり毎月お給料から引かれている所得税でしょう。

あなたのお給料（所得）に対してかかる税金が、所得税です。

わが国の所得税の特徴は「累進《るいしん》課税」と呼ばれるものです。

所得の低い人は税金が低く、高所得者には多額の税金がかかる仕組みです。最低税率は5％で最高は45％、7段階に分かれます。

## 自分の所得税の額を計算してみよう！（平成27年分以降）

| 課税される所得金額 | 税率 | 控除額 |
|---|---|---|
| 195万円以下 | 5% | 0円 |
| 195万円を超え　330万円以下 | 10% | 9万7500円 |
| 330万円を超え　695万円以下 | 20% | 42万7500円 |
| 695万円を超え　900万円以下 | 23% | 63万6000円 |
| 900万円を超え　1800万円以下 | 33% | 153万6000円 |
| 1800万円を超え　4000万円以下 | 40% | 279万6000円 |
| 4000万円超 | 45% | 479万6000円 |

※国税庁のHPをもとに作成

※たとえば「課税される所得金額」が500万円の場合、所得税の額は……

**500万円×0.2－42万7500円＝57万2500円**

※平成25年から平成49年までの各年分の確定申告においては、所得税と復興特別所得税（原則としてその年分の基準所得税額の2.1%）を併せて申告・納付することになる

所得税のほかに気にかけておきたいものが、住民税です。

**所得税と住民税で、お給料に対する税金が構成されています。**

住民税は所得税とは違い、税率は一律10%です。

### 法人税は約20%～約35%までの3段階

これに対して、会社の利益にかかる税金が「法人税」といわれるものです。

法人税は会社の規模や儲けの大きさにかかわらず、基本的には税率が同じです。社員数万人の大企業でも従業員数名の零細企業でも実効税

率は現在、平均で33％程度です。実効税率とは、所得金額のうちに法人税、法人道府県民税、法人市町村税、法人事業税が占める割合です。

## ●社長は自分で自分の給料を決められる

社長は自分で自分の給料を決められます。所得税のほうが安ければ自分の給料を増やすし、法人税のほうが安ければ会社にお金を貯めておきます（これを「内部留保」といいます）。

会社員ならば所得税と住民税を納めるしかありませんが、経営者だと法人税で払うのがトクなのか、あるいは所得税と住民税で払うほうが有利なのかを選べるというわけです。

## ●税金を安くしたければ稼ぎは分配する

税金の大原則として頭に入れておきたいのは、所得は分ければ分けるほど基本的には税金が安くなるということです。

# だから、社長は奥さんを社員にして給料を払うのです。

たとえば、所得税額の計算に際し、すべての納税者が無条件で差し引くことのできる「基礎控除」があります。基礎控除の金額は一律38万円です。所得を自分と奥さんの２人で分ければ、「基礎控除」は２人分の76万円使えます。

**奥さんと子ども２人が自分の会社で働いている社長の場合であれば、「基礎控除」が４人分の１５２万円使えることになります。**

サラリーマンでもこの原則は当てはまります。配偶者がいれば、控除金額は「基礎控除＋配偶者控除」で倍の76万円になり、子どもを含めて３人いれば「＋扶養控除」で３倍、４人だと４倍に増えます。**控除額の増加に伴って、税金の支払いは少なくなっていきます。**

## ●１８００万円以上の所得があると35％の税金がかかる

課税所得金額が年間１８００万円を上回ると、所得税＋住民税の実効税率は約35％となります。法人税の実効税率とほとんど変わりません。

**ということは、年間１８００万円までは給料で取ったほうが税金が安くなることになります。**

ただしこれは社会保険料などを考慮していませんので厳密には変わってきますが、考え方はこのようになります。

## サラリーマンにとって副業のメリットは大きい

ここで提案したいのが、サラリーマンでも「副業」を持とうということです。

それにより節税も可能になります。

もちろん、副業はいい面もあれば悪い面もあります。

お金に関する知識や知恵がなく、よくわからないまま副業で起業したけれども結局、うまくいかなかったという状況に追い込まれる人も多くいます。勉強をしなければそれも当たり前です。だからこそ、本書できちんとお金のことを学んでほしいと思います。

## まずは本人収入で1000万円を考えよう

副業による節税の効果が大きくなるのは、どの程度の所得水準なのでしょうか。

大まかにいうと、本人収入で年間1000万円が目安と考えていいでしょう。所得税の申告はある程度勉強すれば誰にも頼ることなくできますから、まずは小さく始めましょう。

ところが、法人税だと、そうはいきません。申告書だけでも1センチ前後の厚さ。枚数にすれば、申告書と添付資料を合わせて50ページぐらいになります。

そうなると、税理士に依頼せざるを得ません。報酬は年間数十万円かかります。それなのに、年収が400万円前後に過ぎないのであれば、持ち出しの負担が増すばかりです。

**税理士がいっているのだから間違いありません。**

## 生活資金を起業資金に回してはダメ

副業で起業するというのは一種の投資。となると、余剰資金を充てるべきです。生活に必要なお金を回すのは禁物です。

余剰資金が出るまで稼ぐということを考えれば、既婚子ども1人の場合で、少なくとも年間1000万円ぐらいの収入は必要でしょう。**お給料が月額100万円であっても、社会保険料や税金を差し引かれて、手取額は60万円ほどにしかなりません。**

## 副業を持てばサラリーマンでも節税ができる

### ●「どこかで赤字を持つ」ことでの節税効果

副業を持てば、サラリーマンでも節税できます。

サラリーマン向けの節税としてよく知られているのは、「どこかで赤字を持つこと」。給与所得以外に副業として事業を手掛けていれば事業所得、不動産を保有していれば不動産所得といった具合に、**所得が複数にわたる場合、いずれかの領域で所得がなく赤字を出していると、他の領域の所得と赤字と黒字の相殺ができます。**

ただし、副業の規模が小さい場合は「雑所得」というカテゴリーに分類されます。雑所得の赤字は給与所得の黒字とは通算できません。また株式や不動産の売却による所得も給与所得との損益通算はできませんので注意が必要です。

そういう意味から、**サラリーマンの節税でよく用いられるのが不動産賃貸による副業なのです。**

## 会社はすべてお見通し？

サラリーマンが副業を営んでいたり、不動産賃貸による赤字と給与の相殺をしていたりしても、所得税の申告が原因で勤務先に副業の存在が発覚することは基本的にありません。

一方、住民税は勤務先の給与から天引きされます。その際、各自治体は勤務先に対して給与所得を知らせ、それに対する住民税天引きの要請を行います。その段階で副業のことが悟られてしまいます。

## 副業の収入が会社にバレないための必殺ワザ

ただ、所得税の確定申告の書類には住民税に関する記述欄があり、給与所得以外の所得に対する住民税の徴収方法を確認しています。

会社経由の天引きではなく自分で支払いたければ、その欄にチェックを入れてください。そうすると、その分の住民税納付書は勤務先でなく、自宅に送られてきます。それでも、バレてしまうのは、各自治体が誤って勤務先に納付書を送ってしまうケースだけです。

サラリーマンの所得に対して支払う住民税は毎月のお給料からの天引きが大原則。そうした意識が強すぎるあまり、チェックを見落としてしまうことがときどきあります。

## ● 副業でも合理性があればほぼ経費にできる

サラリーマンとしての仕事以外に副業を抱えている場合、それにかかわる経費はすべて落とすことが可能です。

仮に、あなたがサラリーマンのまま不動産オーナーになるとしましょう。

東京に住んでいるあなたが、北海道・美瑛《びえい》に貸家を持っているならば、毎年の美瑛への旅行費用は現地確認費として必要経費となるでしょう。地元の友人と会って一杯飲んでも、そこで情報交換をすれば「交際費」で落とせます。クルマやパソコンの購入費も、不動産の維持管理のために必要なものであれば、経費として認められます。携帯電話もＯＫ。掃除機を買っても不動産のメンテナンスのために使うならば、経費になります。

**本当にそれが事業に使う合理性があるならば、何でも経費で落とせるのです。**

# サラリーマンが節税するためのテクニック

## サラリーマンが不動産投資で節税するコツ

サラリーマンが不動産投資を行う場合、法人を設立して不動産を購入すると節税できるケースが結構あります。

個人が住宅ローンを２本以上組むのは不可能です。

しかし、たとえば、**法人で住宅を買う際、表面上の売買価格よりも実際の評価額のほうが高い物件だと、銀行などから比較的容易に借り入れをすることができます。**

要は、不動産自体に価値があると金融機関が判断しているのです。

ただ、個人名義で不動産を購入し、節税目的で管理会社を設立することは、昔ほど効果はなくなりました。個人が法人に支払う管理料を個人側で経費の扱いにし、法人側は役員報酬などとして個人に還流させるというものでしたが、過去の裁判例を通してかなり厳しく制限されてしまいました。

## ●個人で購入した不動産が値下がりしたら法人に売却

では、個人で不動産を買った後、値下がりしたらどうすればいいでしょうか。そのときは、法人への売却を考えればいいでしょう。**譲渡益が発生せず、税金はかからないからです。**

一方、はじめから法人が購入するのであればなんの問題もありません。法人が不動産運用を行い、その利益の一部を役員報酬として個人に支払えばいいのです。

節税のために不動産投資を行うのであれば、法人を作ったほうが有利という1つの証明にもなります。

## ●株式投資は塩漬けでも損益ゼロと申告すれば黒字と相殺できる

株式投資では損失を出した場合、3年間は黒字と相殺できます。赤字を繰り越す際、たとえば翌年には株式投資を一切しなくても継続の申告をしないと損益通算が認められません。**含み損を抱えた株を塩漬けにしたままでも、損益ゼロとして申告しましょう。**これを忘れてしまうケースが多々あります。

## ●医療費控除の確定申告の落とし穴

医療費の確定申告に関してはメディアでも節税策としてよくいわれることで、ご存じの方も多いでしょう。

**しかし、残念ながら、誤って理解している人も多いのです。**

年間で10万円を超えた額が対象になると思っている人がほとんどですが、実は大きな間違いです。**10万円か、給与所得金額の５％のいずれか低いほうを超えた額が医療費控除の対象になります。**

たとえば、あなたのお給料が年間３１０万円だったら、給与所得控除額を差し引いた給与所得が約２００万円となります。この場合、所得金額の５％は10万円ですから、10万円を超える額が控除対象となります。しかしあなたのお給料が年間１６７万円であれば、給与所得は１００万円。すると１００万円の５％で５万円。つまり、医療費が５万円超の部分は控除の対象になります。

私どもプロが見る限り、そこを勘違いしている人が結構多く見られます。

## 皆が10万円を超えた額というわけではないのです。

### 目薬はOK、サプリや栄養ドリンクはNG

医療費には通院のためのタクシー、バス、電車代なども含まれます。マイカー利用時の駐車場代やガソリン代は対象外です。

薬局で購入した市販のカゼ薬や目薬なども医療費として認められます。ただし、サプリメントや栄養ドリンクなどは難しいです。

整体や鍼治療などは認められる確率が高いです。これに対し、美容面での、しみのレーザー治療にかかった費用などは医療費に認定されません。美容整形もダメ。

ただ、しみを放っておいたらガンになる可能性があるなどと診察を受け、医師の指示の下に手術するような場合は控除対象になります。

人間ドックの費用も基本的には認められません。

一方、ドックで何か病気が発見され、手術などを受ける場合には、ドックにかかった費用も含めて認められます。

# ケガや病気の治療に要する費用はＯＫ、予防や美容に関するものはＮＧということです。

## とにかくダメ元で申告してみよう

**サラリーマンであればとにかく、〝ダメ元〟で申告してみればいいでしょう。**

「ブラックリストに掲載されるのではないか」といった考えは杞憂に過ぎません。事業主だと申告をきっかけに税務調査へ頻繁に入られるなど厄介なこともあり得ますが、サラリーマンなら大丈夫。**「通ったらラッキー」といった程度の感覚で構わないでしょう。**

## ●本当にお金持ちになりたいならば……

ここまでサラリーマンの節税の視点で話を進めてきましたが、「お金持ち入門」という視点ではもう一歩踏み込む必要があります。

# あなたは、節税がしたいのですか？ それともお金持ちになりたいのでしょうか？

年収1000万円の独身サラリーマンの場合、年間にかかる所得税・住民税の額は約200万円。この人が最大に節税しても200万円が限度です。つまり、**使えるお金は年間200万円しか増えないということになります。**

**節税とは「マイナスを減らす手法」に過ぎません。**これで本当のお金持ちになったといえるでしょうか。私（安藤）は次のように考えます。

本当にお金持ちになりたいのであれば、税金に関する知識は押さえた上で、ひとまず節税のことは忘れましょう。とにかく売上と利益を増やすことだけに全力を投じてください。株式投資でも不動産投資でもネット販売でも何でも構いませんから、とにかく収入を増やしてください。節税はその後に考えるのです。

そしてその節税は専門家である税理士に任せましょう。素人がネット検索やビジネス書などで知り得る節税の知識など、ほんの一部にしか過ぎません。表立って書けない方法もたくさんあるのです。

**税理士には節税が得意な税理士とお金を増やすことが得意な税理士がいます。**

99％は節税が得意な税理士です。残り１％を探してください。

残り１％を見つけるには、こう尋ねればいいのです。

## 「お金を増やしたいのですが、手伝ってもらえますか」

そこで節税の話しか出てこなければ99％組です。１％組は税理士自身が優秀な経営者です。

経営のポイントをはじめ、お金を増やすアイデアもたくさん持っていることでしょう。

**類は友を呼ぶ。つき合う税理士もまた例外ではありません。**

# 節税の裏ワザ！
# 海外法人と海外移住はどれだけ有利か

## ● 大切なのは正しい知識

節税に関しては、お金持ちが実践する究極の裏ワザがあります。
ズバリ、海外に法人を作る、あるいは自分自身が移住することです。

**ここでは税制上、有利な国をいくつか紹介します。**

ただし、海外法人設立だけで節税ができるなら、日本に法人を作る理由がありません。そこまでカンタンに節税ができるわけではないというのは頭に入れておいてください。
大事なのは、諸外国の税制や国際税務に関する正しい知識を持つことです。

## ● 海外で会社を立ち上げるなら

## 日本の法人税率はアメリカに次ぎ、世界で２番目の高水準です。

アベノミクスもあって税率は引き下げられていますが、それでも平成27年度からの実効税率でも34・62％となっています。

**税率の低い国に海外法人を設立するメリットは大きいといえます。**

日本から近く、税制上、有利な国といえばアジア各国です。

**なかでも私（柳澤）が魅力を感じるのはアラブ首長国連邦のドバイです。**

銀行やインフラ産業などに対する法人税は存在しますが、それ以外の法人税や個人に対する所得税がありません。これが世界からの直接投資などを引きつけています。

ドバイは魅力的でも、距離的・心理的にややハードルを感じる方もいるでしょう。

そんな方におすすめなのが、東南アジアの「タックスヘイブン」です。

### アジアの「タックスヘイブン」は香港とシンガポール

「タックスヘイブン」という言葉を聞いたことのある方も多いでしょう。これは、日本の税制

**の定義では税率20％以下（平成27年度以降は20％未満）の国・地域をいいます。**

これを当てはめると、アジアの代表的な「タックスヘイブン」は香港とシンガポール。法人税率は16～17％台です。また、隠れたタックスヘイブンとしては、台湾も17％台、スリランカも事業の種類によっては10％と低いです。

## ●その国に実体がなければ日本の税制が適用される

だからといって、やみくもに法人税の低い国に海外法人を設立すればいいというわけではありません。

**日本には「タックスヘイブン対策税制」という税制が存在します。**

たとえば、シンガポールに現地法人を設立。ペーパーカンパニーで、１００％株主のオーナーは日本に居住していたとしましょう。

この場合、**実体のない迂回取引などで税を免れようとしても、日本に居住するオーナーに対して課税がされる仕組みのため、結局、日本の税率が適用されてしまいます。**

「実体」とは、カンタンにいえば、現地にきちんとオフィスがあり、机や電話やパソコンがあって人もいて、法人として独立して事業活動をしているということです。「実体」があると国が認めなければアウト。節税目的で法人を設立しても、意味がなくなってしまいます。

# 「実体」というのは非常に大切な考え方です。

## 「183日ルール」を誤解する人が多い

では、どうすれば実体があると認めてもらえるのでしょうか。

国籍が日本であってもシンガポールの居住者になればいいのです。アメリカやシンガポールの税法には、レジデント・ステータス（居住形態）に関し、「計量的な基準」が存在します。

１８３日、つまり年間の半分以上、その地域で暮らしていれば、居住者と認定されるなどの基準です。

ただ、残念ながら、日本の税制には、こうした「計量基準」が存在しません。

**よく、「年間の183日以上を日本国外で過ごせば（日本の）非居住者になるのでしょ」という話を耳にしますが、それは間違いです。**そのような条文は日本の税法にはありません。

日本における国際税務で「１８３日ルール」が唯一出てくるのは、サラリーマンの場合、その給与所得に対し、１８３日以上滞在した国に課税権があるという定めなのです。

## 年間の3分の2以上を海外で暮らしていれば実体あり？

したがって、日本の税務上の居住者・非居住者の判定実務には、個別の案件に応じて、非常に多岐にわたるコンサルティングのポイントがあります。

日本の個人の納税者史上最大の納税者勝訴となった武富士の贈与税事件では、年間の3分の2以上を海外で暮らしていたことを1つの事実として、日本に「住所」がないと判定されましたので、これは1つの目安になるかもしれません。

## 「キャピタルフライト」という節税対策

**国内富裕層の節税対策の「キャピタルフライト」（国内から海外にお金が一斉に逃げ出すこと。資本逃避）はいまや、当たり前ともいうべき流れになりつつあります。**

来るべき国際社会を前に、主にご子息の教育の観点から、ご家族全員で海外に移住し、ご自身の日本の会社を数億円で売却し、懐に入った利益をＢＲＩＣｓやＡＳＥＡＮ諸国で運用している人もいます。**利回りは年5％以上は当たり前。**さらに、シンガポール、香港は原則として金融所得無税の国・地域。譲渡益や利息、配当が無税です。

## 「全世界所得課税方式」だと二重課税も

「全世界所得課税方式」という考え方があります。**企業がある国に拠点を置く場合、その会社がどこの国であげた儲けに対しても課税するという方式です。**これに対して、シンガポールや香港は「国内源泉所得課税方式」を採用。国・地域内での稼ぎに限って課税をします。

すべての国・地域が「国内源泉所得課税方式」を採り入れていれば、国際的二重課税の問題が生じることはありませんが、**現実にはアメリカをはじめほとんどの先進諸国は「全世界所得課税方式」を採用しており、日本も同様です。**たとえば、日本企業がアメリカで利益を出すと、アメリカにも日本にも課税権が生じることがありますが、こういった場合には、租税条約かいずれかの国の国内法で国際的二重課税を回避するしかありません。

## 注目すべきは1人当たりGDP

**新興国への移住や投資を考える際、注目しておきたいのが1人当たり国内総生産（GDP）。**グーグルの「パブリック・データ・エクスプローラー」などで確認することができます。

1人当たりGDPでは、シンガポールや香港が日本とほぼ肩を並べる水準です。韓国や台湾は日本の半分程度。さらに、その半分がマレーシアで、そのまた半分がタイという順です。

| 香港 | モンゴル | ベトナム | タイ | マレーシア | シンガポール |
|---|---|---|---|---|---|
| 香港 | ウランバートル | ハノイ／ホーチミン／ダナン | バンコク | クアラルンプール／ジョホール | シンガポール |
| (オブザーバー) | | | | | (オブザーバー) |
| | | ○ | ○ | ○ | ○ |
| ○ | | ○ | ○ | ○ | ○ |
| 715万人 | 279万人 | 8877万人 | 6678万人 | 2923万人 | 531万人 |
| 英語・中国語 | モンゴル語 | ベトナム語 | タイ語 | マレー語・英語 | 英語・マレー語 |
| 仏教 | チベット仏教 | 仏教 | 仏教 | イスラム教 | 仏教 |
| HKD | Mトゥグルグ | Vドン | Tバーツ | Mリンギット | SGD |
| 36,795 | 3,672 | 1,755 | 5,479 | 10,432 | 51,709 |
| 1,384 | 100 | 130 | 286 | 344 | 1,285 |
| 1,982 | 100 | 286 | 641 | 973 | 2,378 |
| 164 | 0 | 35 | 20 | 23 | 83 |
| 5.0% | 12.0% | 22.0% | 5.0% | 12.0% | 16.0% |
| 国内源泉所得課税方式 | 全世界所得課税方式 | 全世界所得課税方式 | 全世界所得課税方式 | 国内源泉所得課税方式 | 国内源泉所得課税方式 |
| 16.5% | 25.0% | 25.0% | 23.0% | 22.5% | 17.0% |
| なし | 有 | なし | 有 | 有 | 個人はなし |
| なし | 有 | なし | 有 | 有 | 個人はなし |
| 有 | 有 | 有 | 有 | 有 | 有 |
| なし | なし | 有 | 有 | なし | なし |
| なし | なし | 有 | 有 | 有 | なし |
| 有 | なし | 有 | 有 | 有 | 有 |
| なし | 法人所得税免除<br>物品税免除<br>VAT免除 | 法人税減免<br>VAT免除<br>特別売上税免除<br>輸出入関税免除 | 法人所得税減免<br>輸入諸税減免<br>VAT免除 | 法人税減免<br>MSCステータス | EDB |
| 0.0% | 10.0% | 10.0% | 7.0% | 10.0% | 7.0% |
| 0.00% | 4.93% | 7.13% | 11.22% | 6.75% | 0.00% |
| なし | なし | なし | なし | なし | なし |
| インフラ産業以外は基本的にはなし。 | 重点産業(資源)に規制有。 | 製造業は原則100%出資可能。サービス業は国内法による規制に従う。 | 製造業は100%出資可能。サービス業は原則49%まで。 | 製造業は自動車分野を除き自由。小売業、金融・保険業に出資規制有。 | インフラ産業以外は基本的にはなし。 |
| 一定の制限はあるが、原則としてなし。 | 外国人の土地・不動産取得は不可能。使用権のみ。 | 土地は政府管理下にあり外国企業の所有は認められていない。使用権のみ。 | タイ人資本50%以上の企業、BOIや工業団地公社の認定を受けた場合は可能。 | 外国人の土地・不動産取得は政府認可により可能。投資額により認可不要。 | 一定の制限はあるが、原則としてなし。 |
| 投資 | | マルチプル | O-A | MM2H | Permanent |
| 0.500% | 11.500% | 8.000% | 2.000% | 3.000% | 0.400% |
| 金融／統括会社／中国への入り口 | 資源 | 工業団地／クレジットカード／勤勉 | アジアのデトロイト／工業団地／ペットビジネス／タイプラスワン | セカンドライフ | 金融／統括会社／ASEANへの入り口 |

Google Public Data、JETRO『第22回アジア・オセアニア主要都市・地域の投資関連コスト比較』を参考にした
した

## アジア・パシフィック新興諸国の比較

| 国名（地域名） | 日本 | 韓国 | 中国 | 台湾 | フィリピン |
|---|---|---|---|---|---|
| 主要都市 | 東京／横浜／その他 | ソウル | 上海／北京／その他 | 台北 | マニラ／セブ |
| OECD加盟国 | 加盟 | 加盟 | （キー・パートナー） | （オブザーバー） | |
| ASEAN加盟国 | | | | | ○ |
| APEC参加エコノミー | ○ | ○ | ○ | ○ | ○ |
| 総人口 | 1億2756万人 | 5000万人 | 13億5070万人 | 2324万人 | 9670万人 |
| 言語 | 日本語 | 朝鮮語（ハングル） | 北京語 | 北京語・台湾語 | フィリピン語・英語 |
| 宗教 | 多様 | キリスト教・仏教 | 仏教・道教 | 道教・キリスト教 | キリスト教 |
| 通貨 | 日本円 | 韓国ウォン | 人民元 | 台湾ドル | Pペソ |
| 1人あたり名目GDP(USD) | 46,730 | 22,589 | 6,091 | 19,888 | 2,587 |
| (*1)ワーカー月額基本給(USD) | 3,953 | 1,696 | 439 | 1,008 | 325 |
| (*1)エンジニア月額基本給(USD) | 5,008 | 2,156 | 745 | 1,378 | 403 |
| (*1)事務所賃料m²あたり(USD) | 51 | 51 | 41 | 18 | 18 |
| 社会保険料負担率 | 13.7% | 26.1% | 44.0% | 11.4% | 9.5% |
| 課税方式 | 全世界所得課税方式 | 全世界所得課税方式 | 全世界所得課税方式 | 全世界所得課税方式 | 全世界所得課税方式 |
| 法人税率 | 35.0% | 24.0% | 25.0% | 17.0% | 30.0% |
| 利息への課税 | 有 | 有 | 有 | 有 | 有 |
| 配当への課税 | 有 | 有 | 有 | 有 | 有 |
| ロイヤルティーへの課税 | 有 | 有 | 有 | 有 | 有 |
| 株式譲渡益への課税 | 有 | 有 | 有 | 原則としてなし | 有 |
| 不動産譲渡益への課税 | 有 | 有 | 有 | 原則としてなし | 有 |
| 日本との租税条約の有無 | | 有 | 有 | なし（協議中） | 有 |
| (*2)外資への優遇税制 | なし（沖縄税制特区） | 法人税減免 | 関税免除 付加価値税（VAT）免除 | 関税免除 貨物税免除 営業税免除 | 法人税減免 VAT免除 PEZA |
| 消費税 | 8.0% | 10.0% | 17.0% | 5.0% | 12.0% |
| 関税 | 2.48% | 10.33% | 7.93% | 6.35% | 5.31% |
| 相続税 | 有 | 有 | なし | 有 | 有 |
| 外資規制 | インフラ産業以外は基本的にはなし。 | インフラ産業以外は基本的にはなし。 | 都市によっては禁止業種有。 | インフラ産業以外は基本的にはなし。 | 製造業は一部を除き100%出資可能。建設業や金融・保険業に出資規制有。 |
| 不動産投資規制 | 一定の制限はあるが、原則としてなし。 | 一定の制限はあるが、原則としてなし。 | 原則として土地は政府管理下にあり外国企業の所有は認められていない。使用権のみ。 | 一定の制限はあるが、原則としてなし。 | フィリピン人が60%以上の資本を有する株式会社であれば可能。 |
| ロングステイのための査証（ビザ） | | | | 数次査証 | SRRV |
| 政策金利 | 0.100% | 2.500% | 6.000% | 1.875% | 3.500% |
| (*1)キーワード | 少子高齢化／人口減少／成熟経済／個人金融資産 | 韓流／日本食 | 世界の工場／チャイナリスク／観光／チャイナプラスワン | アート／ファッション／中国への入り口 | 世界のコールセンター／グローバル人材／コンビニ／英会話 |

（*1）日経ビジネス『中国の次のアジア』、JETRO『ジェトロセンサー2013/1』、JETRO『アジ研ポリシー・ブリーフNo.11』、
（*2）外資への優遇税制に関しては、JTRI『税研』164号「税制における特区制度の現状と展望」（2012/07/20）を参考に
（※）ASEAN加盟10カ国の残り1つは、ブルネイ
（※）2013年から2014年にかけて筆者（柳澤）が独自に概要調査、作成した参考資料であり、一部推測・推定値も含まれている

| インド | スリランカ | UAE | オーストラリア | ハワイ |
|---|---|---|---|---|
| デリー/ムンバイ/<br>バンガロールチェンナイ | コロンボ | ドバイ<br>アブダビ | シドニー/メルボルン/<br>ブリスベン/その他 | ホノルル |
| (キー・パートナー) | | | 加盟 | 加盟 |
| | | | | |
| | | | ○ | ○ |
| 12億3670万人 | 2032万人 | 920万人 | 2272万人 | 139万人 |
| ヒンディー語・英語 | シンハラ語・英語 | アラビア語・英語 | 英語 | 英語 |
| ヒンドゥー教 | 仏教 | イスラム教ほか | キリスト教 | 無宗派・キリスト教 |
| Iルピー | Sルピー | Uディルハム | AUD | USD |
| 1,503 | 2,923 | 41,691 | 67,442 | 52,017 |
| 264 | 141 | 626 | 4,477 | 3,785 |
| 607 | 508 | 3,056 | 6,385 | 5,939 |
| 44 | 17 | 68 | 44 | 47 |
| 18.4% | 15.0% | 0.0% | 9.0% | 6.2% |
| 国内源泉所得課税方式 | 全世界所得課税方式 | タックスヘイブン | 全世界所得課税方式 | 全世界所得課税方式 |
| 30.0% | 10.0% | 0.0% | 30.0% | 41.0% |
| 有 | 有 | なし | 有 | 有 |
| 有 | 有 | なし | 有 | 有 |
| 有 | 有 | なし | 有 | 有 |
| 有 | ほとんどなし | なし | 有 | 有 |
| 有 | なし | なし | 有 | 有 |
| 有 | 有 | 有 | 有 | 有 |
| 法人税減免<br>関税免除<br>VAT免除 | 法人税減免 | タックスヘイブン | なし | なし |
| 12.5% | 15.0% | 0.0% | 10.0% | 4.0% |
| 11.46% | 9.05% | 4.49% | 2.84% | 2.84% |
| なし | 有 | なし | なし | 有 |
| 製造業は原則自由だが、小売、不動産への出資は原則禁止。金融・保険も規制有。 | 外資規制の明文規定はないが、交渉が必要。 | フリーゾーンでは、100%外国資本による所有可能、ローカル・スポンサー不要。 | インフラ産業以外は基本的にはなし。 | インフラ産業以外は基本的にはなし。 |
| 民間企業による土地の直接取得は困難。州政府転売・リースを受けるのが一般的。 | 外国人による一定の建物の購入は可能。ただし、100%の課税が生じる。 | 外国人は指定地域に限り可能。 | 一定の制限はあるが、原則としてなし。 | 一定の制限はあるが、原則としてなし。 |
| マルチプル | 投資家 | 不動産/投資家 | Investor Retirement | E-2 |
| 8.000% | 6.500% | 1.000% | 2.500% | 0.250% |
| 世界最大の消費市場/日本食 | クリケット/宝石 | 人口の8割が外国人/豊富な資源/原則として無税 | 豊富な資源/先進国型産業構造 | 観光 |

Google Public Data、JETRO『第22回アジア・オセアニア主要都市・地域の投資関連コスト比較』を参考にしたした

## アジア・パシフィック新興諸国の比較

| 国名(地域名) | カンボジア | ラオス | バングラデシュ | ミャンマー | インドネシア |
|---|---|---|---|---|---|
| 主要都市 | プノンペン シェムリアップ | ヴィエンチャン | ダッカ | ヤンゴン | ジャカルタ |
| OECD加盟国 | | | | | (キー・パートナー) |
| ASEAN加盟国 | ○ | ○ | | ○ | ○ |
| APEC参加エコノミー | | | | | ○ |
| 総人口 | 1486万人 | 664万人 | 1億5469万人 | 5279万人 | 2億4686万人 |
| 言語 | クメール語・英語 | ラオ語・英語 | ベンガル語 | ミャンマー語 | インドネシア語 |
| 宗教 | 仏教 | 仏教 | イスラム教 | 仏教 | イスラム教 |
| 通貨 | Cリエル・USD | Lキープ・USD | Bタカ | Mチャット・USD | Iルピア |
| 1人あたり名目GDP(USD) | 944 | 1,417 | 752 | 832 | 3,556 |
| (*1)ワーカー月額基本給(USD) | 82 | 118 | 78 | 68 | 209 |
| (*1)エンジニア月額基本給(USD) | 204 | 218 | 251 | 176 | 414 |
| (*1)事務所賃料m²あたり(USD) | 17 | 15 | 17 | 23 | 20 |
| 社会保険料負担率 | 0.8% | 5.0% | 7.5% | 2.5% | 9.5% |
| 課税方式 | 全世界所得課税方式 | 全世界所得課税方式 | 全世界所得課税方式 | 全世界所得課税方式 | 全世界所得課税方式 |
| 法人税率 | 20.0% | 28.0% | 37.5% | 30.0% | 25.0% |
| 利息への課税 | 有 | 有 | 有 | 有 | 有 |
| 配当への課税 | 有 | 有 | 有 | 有 | 有 |
| ロイヤルティーへの課税 | 有 | 有 | 有 | 有 | 有 |
| 株式譲渡益への課税 | 有 | ほとんどなし | 有 | 有 | ほとんどなし |
| 不動産譲渡益への課税 | 有 | 有 | 有 | 有 | 有 |
| 日本との租税条約の有無 | なし | なし | 有 | なし | 有 |
| (*2)外資への優遇税制 | 法人所得税減免 輸入諸税減免 | 法人所得税減免 | 法人税減免 | 所得税減免 関税減免 商業税減免 | 所得控除 VAT免除 輸入諸税免除 |
| 消費税 | 10.0% | 10.0% | 15.0% | 5.0% | 10.0% |
| 関税 | 12.36% | 9.25% | 13.89% | 4.03% | 5.02% |
| 相続税 | なし | なし | なし | なし | なし |
| 外資規制 | 100%外資可能。 | 出資比率の上限の限度規制はない。 | 外資規制の明文規定はないが、交渉が必要。 | 禁止分野・参入規制などを模索中。 | 製造業は原則100%出資可能。サービス業の多くは出資規制・ガイドライン有。 |
| 不動産投資規制 | 外国人の土地・不動産取得は不可能。使用権のみ。 | 原則として土地は国家所有のため外国企業の所有は認められていない。使用権のみ。 | 現地法人設立ののち、現地法人により取得可能。 | 原則として土地は国家所有のため外国企業の所有は認められていない。使用権のみ。 | 外国人の土地所有は不可。外国企業は使用権などを得て、工業団地等で操業。 |
| ロングステイのための査証(ビザ) | マルチプル | B2/B3 | マルチプル | マルチプル | KITAS |
| 政策金利 | 2.000% | 12.500% | 7.750% | 10.000% | 7.500% |
| (*1)キーワード | スーパーマーケット／ベトナム | メコン／水力発電 | 人口／不動産 | アパレル／ひとつ上のぜいたく | 人口／モバイル／エコカー／中間所得層 |

(*1) 日経ビジネス『中国の次のアジア』、JETRO『ジェトロセンサー2013/1』、JETRO『アジ研ポリシー・ブリーフNo.11』、
(*2) 外資への優遇税制に関しては、JTRI『税研』164号「税制における特区制度の現状と展望」(2012/07/20)を参考に
(※) ASEAN加盟10カ国の残り1つは、ブルネイ
(※) 2013年から2014年にかけて筆者(柳澤)が独自に概要調査、作成した参考資料であり、一部推測・推定値も含まれている

移住という住みやすさでいえば、アメリカやヨーロッパ主要国、シンガポールや香港が快適ですが、**物価の高さを気にするのであればタイやマレーシアがおすすめ。**マレーシアはいま、セカンドライフを満喫しようとする日本人にはもっとも人気の国です。マレーシアのＭＭ２Ｈという「10年間の長期滞在が許可されるビザ」も取得しやすく、人気です。

## ●アジア諸国のＩＴ優遇措置

シンガポールでは経済開発庁（ＥＤＢ）が、最近のアジア新興諸国では、たとえば、フィリピンの経済区庁（ＰＥＺＡ）、マレーシアの企業向け税制優遇措置「ＭＳＣ（マルチメディア・スーパー・コリドー）ステータス」など、欧米や日本のＩＴ企業の誘致を通じて、自国のＩＴレベルを引き上げようとする政策があります。**最大10年間法人税無税などの優遇措置があり、**

**しかも大企業だけでなく、ベンチャー企業や中小企業でも優遇されます。**

日本人でも国際感覚に優れた起業家、オーナー経営者はこうした制度を活用しています。

# 起業した会社のたたみ方

## 起業する際には5つの出口を想定すべし

この章の最後に、〝起業〟を語るときに必須の視点、「出口」に関して説明しましょう。**個人事業主で起業した、サラリーマンのまま起業した場合であっても、起業した段階でその会社の出口（エグジット）も見据えておくべきでしょう。**

出口には5つしかありません。①新規株式公開（ＩＰＯ）、②Ｍ＆Ａ（企業の合併や買収）による株式売却、③相続、そして、④自主廃業、⑤倒産です。

オーナー経営者にとって、もっとも有利な選択肢の1つと考えられるのはＭ＆Ａ。**株式の譲渡益に課される税率は20％にとどまります。**

ＩＰＯはエグジットの花形で、自社株式もある程度換金でき、税率を低く抑えてエグジットできるという意味ではＭ＆Ａと同じような効果が見込めますが、Ｍ＆Ａに比べると、〝自由〟がありません。

さらにＩＰＯは準備もしんどいです。２～３年の準備期間で上場にこぎ着けることのできる企業は10社のうち、１～２社ともいわれます。費用は年間数百万円から数千万円程度と以前に比べれば安くなりましたが、それでも監査法人と証券会社を儲けさせている感は否めません。

## 地位と名誉にこだわる人がＩＰＯを目指している印象もあります。

### 経営者のパワーが強すぎる企業は高く売れない

実際、私（柳澤）が見る限り、最近の日本の起業家にはＩＰＯよりもＭ＆Ａ志向の人が増えているように思います。

日本のベンチャーのエコシステム（生態系）は、アメリカに大きく遅れをとっているとよくいわれ、日本のベンチャー起業家の多くがいまもアメリカの事例を強く意識しています。

しかし、アメリカの場合、１９８０年代にはＩＰＯ全盛でしたが、現在はもうＭ＆Ａが１００％といっても過言ではない状況です。

**アメリカにおけるベンチャー企業「エグジット」件数の推移**

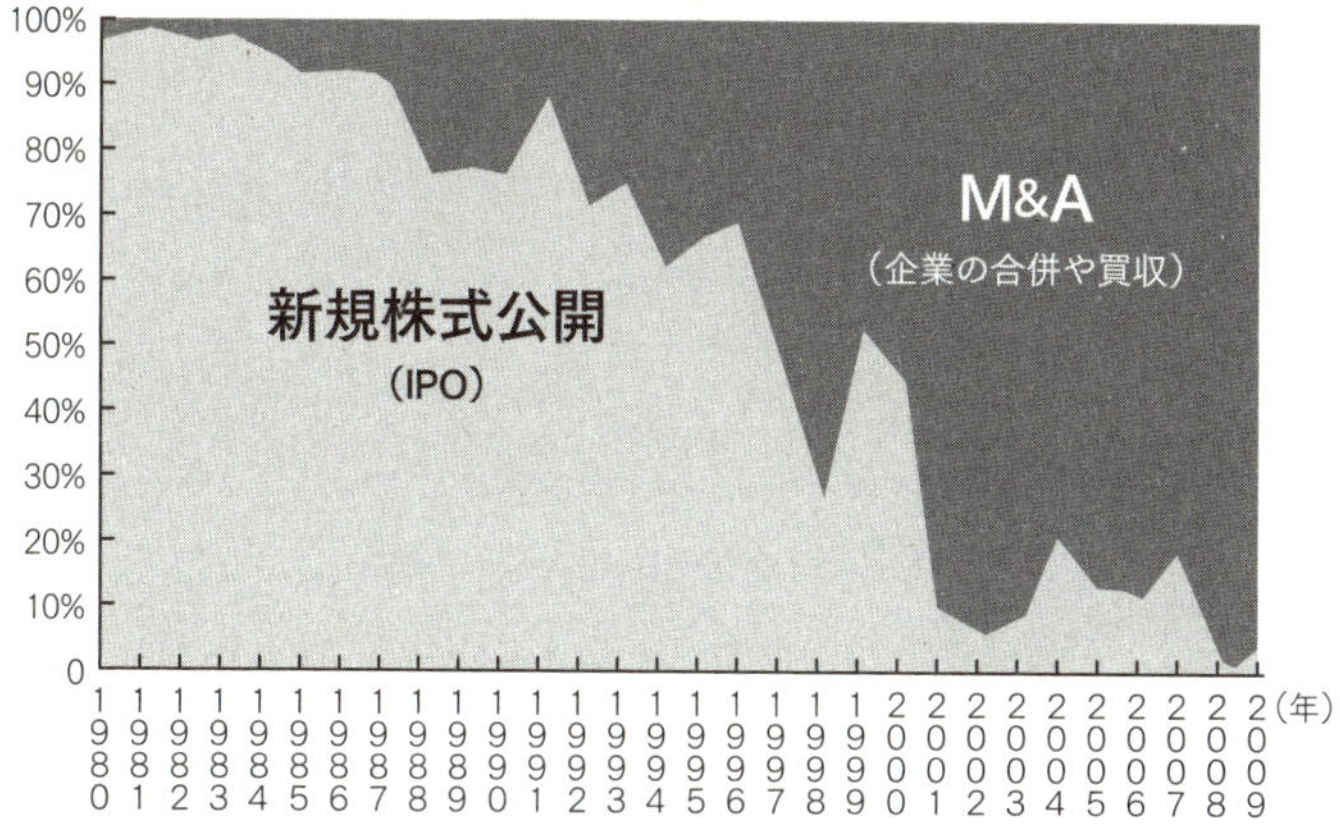


出典：経済産業省「未上場企業が発行する種類株式に関する研究会報告書」

ベンチャー企業ならば、買収側は将来性を考慮してくれます。これが一般的な中小企業だと買収額算定の際、実現した営業利益や営業キャッシュフロー（厳密には、ＥＢＩＴＤＡ）の3年ないし5年などと定量的なモノサシを当てられてしまう傾向があります。

売却するときには、できるだけ俗人的な色合いの濃くない組織であるほうがいいでしょう。

**この社長がいるからこそ、この会社は成り立っている。社長に代わるような後継者がいないという、「経営者リスク」の大きな企業だと、高い値段で売るのが難しくなります。**

「相続」という形を選ぶと、承継時に適用される税率は最高で55％。清算で会社を潰すケースでも内部留保があると、配当と見なされて50％近い課税負担が発生することがあります。そうした点を踏まえればやはり、Ｍ＆Ａはもっとも賢いエグジットだと思います。

## M&Aの仲介手数料は「安いもの」

Ｍ＆Ａのファイナンシャル・アドバイザリー報酬、仲介手数料は「レーマン方式」と呼ばれる成功報酬制を採用している会社が多く見られます。成約額に一定の手数料率を掛けて額を算出するものです。

５億円以下の取引であれば、手数料率は５％、５億円から10億円以下に関しては４％など、成約額が高くなるにつれて手数料率が下がるのが一般的です。仲介会社にとっては「おいしいビジネス」といわれますが、実際はそうでもなく、**破談するリスクを考えれば、トントンから少しおいしいくらいでしょう。**１つの案件で何年もかかることがあります。

あなたが売却する側だとすると、譲渡時の税率の低さを考えれば、さほど気にならない額かもしれません。仲介、支援会社を間に入れずに直接、やり取りする例もありますが、破談になってしまうことも少なくありません。このため、仲介会社に支払う手数料は安い、と売却側の多くが考えているようです。

# 第6章

【不動産】
# 失敗しない物件の選び方と投資術

**畑中 学**（はたなか　おさむ）

不動産コンサルタント、武蔵野不動産相談室株式会社代表取締役
宅地建物取引士・公認不動産コンサルティングマスター。不動産投資家の顧問として物件に対するアドバイスを行うほか、不動産投資で失敗した人の再生を数多く行っている。2008年に独立後、不動産コンサルタントとして全国に活動範囲を広げている。著書に『〈2時間で丸わかり〉不動産の基本を学ぶ』『不動産の落とし穴にハマるな！』（共にかんき出版）がある。公的機関でのテキスト作成や民間不動産資格の試験委員など不動産・建築業界での教育活動も行っている。

**伊藤邦生**（いとう　くにお）

ゴールドスワンキャピタル株式会社代表
不動産投資でサラリーマンの資産形成を助けるプロフェッショナル。京都大学大学院理学部物理学研究科修了。大手金融機関に11年間勤務した後、不安定な企業にしがみつくサラリーマンの生き方に危機意識を持ち、独立。サラリーマンを対象に、不動産投資で安定収入を得る方法を指南する。自身も地方で収益物件を3年間に5棟、6億円分購入し、不動産から月200万円の収入が得られるようになる。著書に『年収1000万円の貧乏人 年収300万円のお金持ち』（KADOKAWA ／中経出版）がある。

# 借入の力を借りて、魔法の資産を手に入れる！

金（ゴールド）と土地は、目減りしない魔法の資産です。
それだけに、古来より多くの権力者が手にし、引き継がれてきました。
ギリシャ・アテネの国立考古学博物館には、
ミケーネ文明時代に王たちが作った黄金のデスマスクが飾られていますが、
その輝きは、いまでもまったく衰えることがありません。
同様に、土地は海に沈んだり、汚染されたりしない限り、永遠に使用できます。
バブル崩壊以来、日本の不動産は冴えない動きを続けてきましたが、この間、
ニューヨークの不動産は、リーマンショックの時期を除き、ずっと上昇しています。

不動産を手に入れようと思うなら、いつでも売却可能な物件にすること、
銀行が価値を認める物件にすること、賃貸可能な物件にすること、が大事です。
その点、ニューヨークや、東京の山手線内は堅い買い物です。

利回りだけで見れば、他の資産よりも魅力に劣る不動産ですが、
目減りしないこと、安定した収入が確保できること、実需があること、
さらに銀行借入が可能なことを考えると、有利な資産です。
自分が1000万円しか持っていなければ、
通常それに対する利回りが5%なら年50万円しか資産からの収入を受け取れません。
一方、金利1%で4000万円を借り入れれば、5000万円の不動産を買って、
そこから同じ利回り5%で収入が250万円、40万円の金利を差し引いても
210万円稼ぐことができます。

この章では、借入の力を借りて、大きく資産を伸ばせる不動産投資のノウハウを、
『〈2時間で丸わかり〉不動産の基本を学ぶ』の著者、畑中学氏と、
『年収1000万円の貧乏人　年収300万円のお金持ち』の著者、伊藤邦生氏に
ご説明いただきます。

土井英司

# 物件選びの5つのポイント

## まずは「年収×20％」程度の資金計画から

初めに、個人で住宅を購入する場合の注意点を説明しましょう。

自分たちが住む「マイホーム」の観点も大事ですが、資産価値を考えるなら将来的にそれを売却する、賃貸するという観点も大切になります。

この章はこれから購入する人はもちろん、購入済みの人にも役立てていただけるはずです。

住宅というと、物件探しからと考える人が大半です。

**でも、あわてないでください。**

物件探しの前にまずは資金計画を立てましょう。せっかく物件を購入しても、家計が破綻したら元も子もありません。

住宅への支出は「年収×20％」程度の範囲内に抑えるのが基本です。**年収が５００万円なら、住宅ローンは年間で１００万円以内の支払いに抑えます。ひと月当たりで見ると８万円強の支出です。**

## ボーナスはあてにしない

月々の支払いを抑えようと、住宅ローンでボーナスを頼りにするのはあまりおすすめできません。ボーナスが出るか出ないかはきわめて流動的なものです。実際、ボーナス払いでローンが払い切れなくなった、ローン滞納者の例を頻繁に見聞きします。

なお、実際には金融機関に行けば、年収の35～40％の住宅ローンを組むことができます。年収５００万円ならば、年間で２００万円の住宅ローンを組める、というわけです。

**しかし、借りられる金額と返済できる金額は違うものです。**

借りている期間、そのローンをずっと返せていけるのかを考えて借りることが必要です。

## 物件選びの5つの優先順位

資金計画が立ったら、次は物件探しです。

「どの物件も魅力的で、どこに決めればいいのかわからない」というご相談をよく受けますが、物件を絞り込むポイントは、次の5つです（5つは優先順位順に並べています）。

**①価格、②駅近、③広さ、④住環境、⑤買い物の利便性**

まずは価格が最優先の条件になります。物件を選ぶ前に資金計画を立てるのですから、ご納得いただけるでしょう。

## 新築の木造よりも、築10年の鉄骨鉄筋コンクリート造

**同じ価格の物件を比較するときには、通常、1㎡（1m×1m。約0・3坪）当たりの単価で判断します。**その際に、気をつけたいのは木造と鉄骨造、鉄骨鉄筋コンクリート（SRC）造などの建物の構造についての評価です。

たとえば、木造の新築物件よりも、本来は築5年の鉄骨造や、築10年の鉄骨鉄筋コンクリート造の物件の評価のほうが高くなります。しかし、家選びをするときには、「建ったばかり」というだけで木造の新築を高く評価してしまいがちです。

## でも大事なのは、その建物が、これからどれだけ長く使えるかということ。

これを「法定耐用年数」といいます。

耐用年数は、木造で22年、鉄骨造で34年、鉄骨鉄筋コンクリート造で47年といわれています。新しさよりも、あとどれだけ使える年数が残っているかで建物の価値は決まるのです。

### 「ツーバイフォー」はリフォームしづらい

「木造のほうが改修しやすい」といわれることもありますが、あくまでも工法次第です。確かに、柱や梁《はり》など木の軸で建物を支える「在来工法」なら改修はしやすいです。しかし、「ツーバイフォー」などの枠組み工法だとリフォームが難しく、必ずしも当てはまりません。

ツーバイフォーは「枠組み壁工法」が正式名称。「2×4（ツーバイフォー）インチ」の断面の木材で作った枠組みに、合板を釘打ちした木材パネルを組み合わせて家の骨組みを構成しているところからそう呼ばれています。

ツーバイフォーは家を壁で支えており（面構造）、耐震性に優れているのが特徴です。ただし、壁（特に耐震壁）を取り除くのが難しいので、間取りを変えるようなリフォームをしにくいのです。

在来工法かツーバイフォーかは住宅のチラシなどに明記する必要がありません。このため、見極めるのは簡単ではありません。しかし、間取りなどを見るとわかる部分もあるのです。

フロアによって壁の位置が微妙にずれていたりすることがあります。規格のパネルの組み合わせであるツーバイフォーならこのようなずれは生じません。逆に、ずれていなければ、ツーバイフォーの可能性が高いです。

## 将来、売却するならば在来工法がおすすめ

住宅メーカーで判断するのも1つの方法です。

ツーバイフォーに強みを持つメーカーもあれば、そうでないところもあります。カビが生えやすい等のツーバイフォーの欠点を補う、独自の工法を編み出したメーカーも存在します。

売却を前提に考えるのであれば、在来工法で建てられた物件のほうがよいでしょう。在来工法のほうがリフォームしやすい分、中古で売る際には売りやすい面があるからです。

にもかかわらず、ツーバイフォーの物件の改修が難しいことを、不動産会社自身が理解していません。リフォーム業者を呼んできて初めてわかることがしばしばです。残念ながら、

# 不動産会社の多くは建築の素人なのです。

## 駅から徒歩5分圏内は強い

第2の絞り込み条件は、「駅近」かどうか、ということです。

売却を考えているなら、将来の評価価値を気にしましょう。都市圏では、駅から徒歩5分圏内でない限り、何か特別なメリットがないと、その家はいずれ値下がりします。特に人気のある路線や駅以外では、**徒歩5分を境にすぐ売れるかどうか決定的な差がついてしまいます。**

「駅近」だと、適正な価格なら、たいてい1週間以内に買い手が見つかります。また、場合によっては適正価格の1割から2割増しでも売れることがあります。それだけ需要があるため、こうした物件はほとんど一般公開されません。

しかし、これが徒歩10分圏内だと、売却に1、2カ月は覚悟しなければならなくなります。**最寄り駅までバスを使うとなれば、買い手を見つける期間はもっとかかるでしょう。**

## 高齢化が進むと駅近のニーズがより増える

高齢化社会が到来しています。そのため、いまは高齢者が利便性を求めて「駅近」物件を探す時代なのです。バスを使うような場所は、「売り」のニーズが強まる一方で、「買い」のニーズは弱まる一方です。そして今後、この傾向はさらに強まると思われます。

「SUUMO（スーモ）」「アットホーム」など、不動産・住宅の情報サイトで物件を検索する時代。このまま人口が減り、物件が余るようになれば、**「駅から3分以内」でないと、検索してもらえない日が来るかもしれません。**

## 一戸建てなら駅徒歩15分までOK

一方で、家を貸すときにも、「駅近」であるほうが有利なのは変わりません。

部屋を借りたい人がネット検索するときには、①家賃、②駅からの近さ、③部屋の広さが三大チェックポイントになります。

ただし、「駅から徒歩5分」はあくまでもマンションの話です。**戸建て住宅なら、駅から15分以内までと範囲は広がります。**戸建てを買い求める人には、駅近にはない閑静な住環境を志向しているタイプが多いからです。

## 駅近なら狭くてもＯＫ

３番目の条件は「広さ」。駅近であれば、40㎡でも大きな需要があります。これは１人あるいは夫婦２人向け。郊外型なら80～１００㎡が中心になります。

**苦戦ぎみなのは50～70㎡の物件です。**

40㎡と比べて大きいため、その分価格が高くなる一方で、２人では少し広すぎますし、ファミリーでは小さすぎるからです。

## 日当たりも価格への影響が大きい

続いて４番目の条件は「住環境」。

これには騒音の問題や、学校・病院などの公共施設が近辺にあるかといった、さまざまな要素が含まれます。たとえば、**電車の走る音が大きく響くような物件は、いくら価格が安くても売却する際にはかなり困難だと考えていいでしょう。**

日当たりも価格に影響を与える重要な要素です。晴れていても太陽の光が差し込まず「暗い」と感じられるところは、特別な事情がない限り、選ばれにくいでしょう。

●1階に売れ残り物件が多いワケ

マンションでは階数も大事です。購入後の売却を前提にするなら、1階は避けましょう。

## 首都圏の好立地でも1階は売れ残りが目立ちます。

その理由はマンションのメリットである「眺望」「日照」「セキュリティ」の恩恵を得られにくいからです。また、高層マンションの1番下には、頭の上にドンと重い荷物が乗っかっているような「圧迫感」を覚える人も多くいます。これらが敬遠される大きな理由です。

「高層マンション1階庭付き」といった物件をよく目にするでしょう。これは庭をつけでもしないと売れないからです。こういう物件は新築のときにこそ買い手がつきますが、その後に売却しようとしても敬遠されがちです。

●エレベーターが動かなくても困らない高さが人気

人気は3階か4階。実は東日本大震災以降、3階など階段で地上に行ける階数を希望する人

**が増えています。**計画停電の経験から、エレベーターが動かなくても困らない高さが人気です。

ちなみに、エレベーターのない5階建ての公団マンションでは、3階の値段がもっとも高くなります。次は2階、そして4階の順です。階段を使っても疲れず、眺望と防犯性のメリットが享受できることがウケているのです。

## 物件は必ず自分の目で確かめる

住環境では、学校も重要な要素ですが、越境通学が認められるようになり、近年では以前ほど重視されなくなっています。むしろ、隣地との関係といった要素が、物件選びの重要なポイントになりつつあります。隣の物件が迫ってくるように建っているとか、図面を見ているだけではわからないことも多いです。**実際に現地へ行って自分の目で確かめることです。**

## 「地震・浸水ハザードマップ」も要チェック

最近は「地震・浸水ハザードマップ」なども注目されています。**これで地盤の強さや洪水時の浸水の深さをチェックする人が増えてきました。**あなたが買うときには気にならなくとも、売るときにはチェックポイントとなることを意識しておきましょう。

**近くの大型スーパーは付加価値大！**

最後に「買い物の利便性」で絞り込みます。

# 徒歩10分圏内に大型スーパーか商店街があるのが望ましいです。

特に、「イオンモール」「ららぽーと」といった大手流通、不動産会社の運営する大規模なショッピングモールが近くにある物件の場合、価格がなかなか下がらないというメリットがあります。17年前に4600万円で買った「イオンモール」に程近い東京都江東区のマンションが最近、4200万円で売れたケースもあります。**買い物便だけではなく、娯楽となる面もあるのが大きな理由でしょう。**

高齢化社会の進展に伴い、クルマを運転できない「買い物弱者」が増えてくることになります。それを踏まえて、スーパーや商店街、ショッピングモールへ徒歩で行けない地域はこの先、土地の価格が下がってくる可能性があるので要注意です。

# 価値が下がらない物件の共通点

## 土地のカタチで価値が激変する

敷地の形も売れやすいか否かを左右する重大要素の1つです。どのような家を建てられるのかで買う買わないが決まるからです。

地形には正方形、長方形、台形、旗竿《はたざお》といった種類があります（次ページの図参照）。

**建物が建てやすいのは正方形ではなく、むしろ長方形の敷地。**

正方形だと間取りが結構、制限されてしまうのです。

長方形でも、間口（戸建てであれば道路に接した部分の長さ）が最低で8メートルは欲しい

## おすすめの土地の形は?

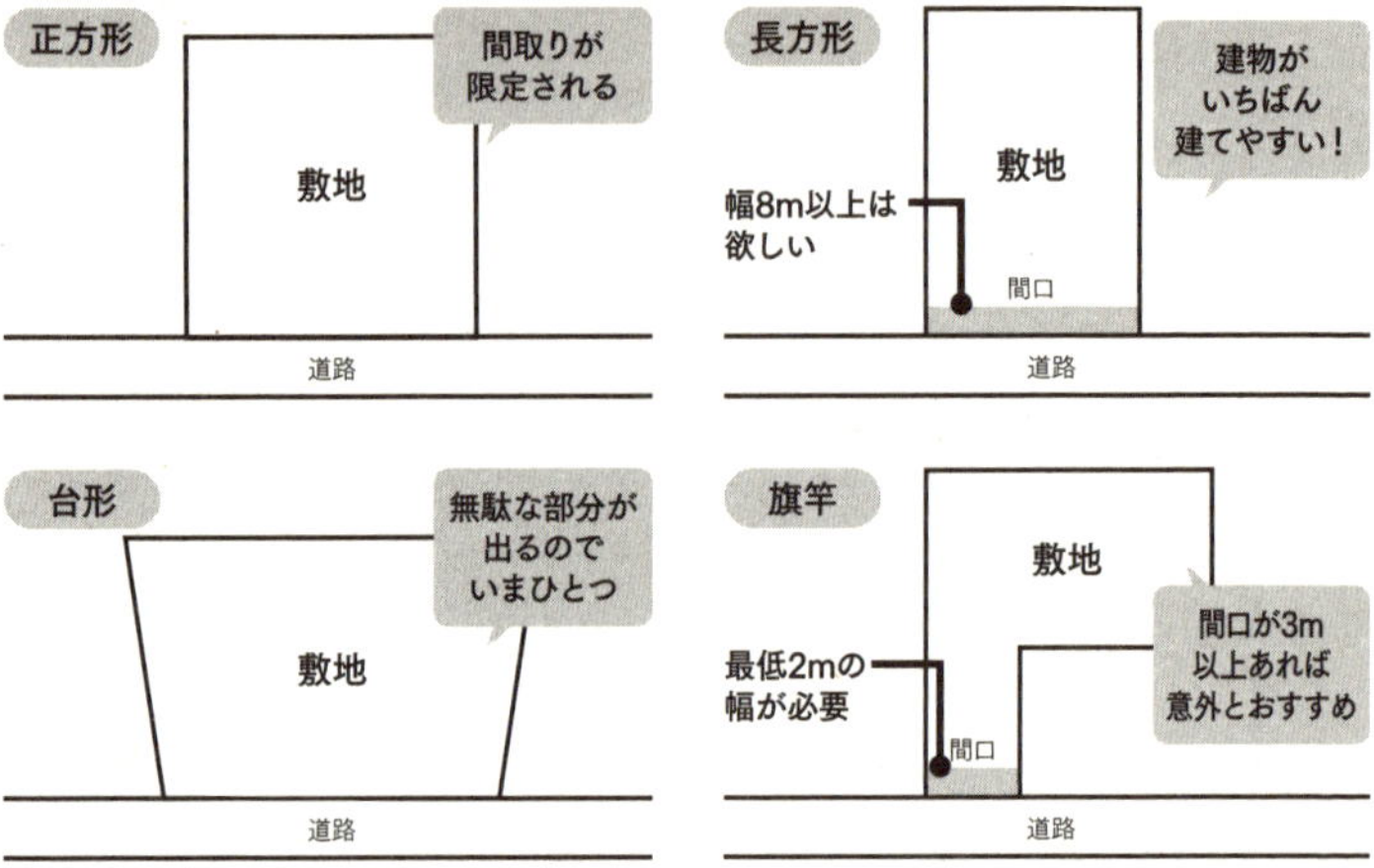


ところです。それだけあれば、間取りにもいろいろなバリエーションを出せるからです。

**台形の敷地はおすすめしません。**台形の敷地に合わせて建物の形を雁行《がんこう》して造るとそれだけ壁面を造ることになり、建築のコストも上がってしまうからです。

### 南西の角地が人気

話はそれますが、角地の価値も高くなります。**昔は東南の角が人気でしたが、いまは南西に移りました。**午後に日が差し込むのを嫌がらず、かえって好む人が増えてきたためです。どうやら、一日中、日が差し込んで「明るい」といったイメージがあるようです。

どんな建物が建てられる？

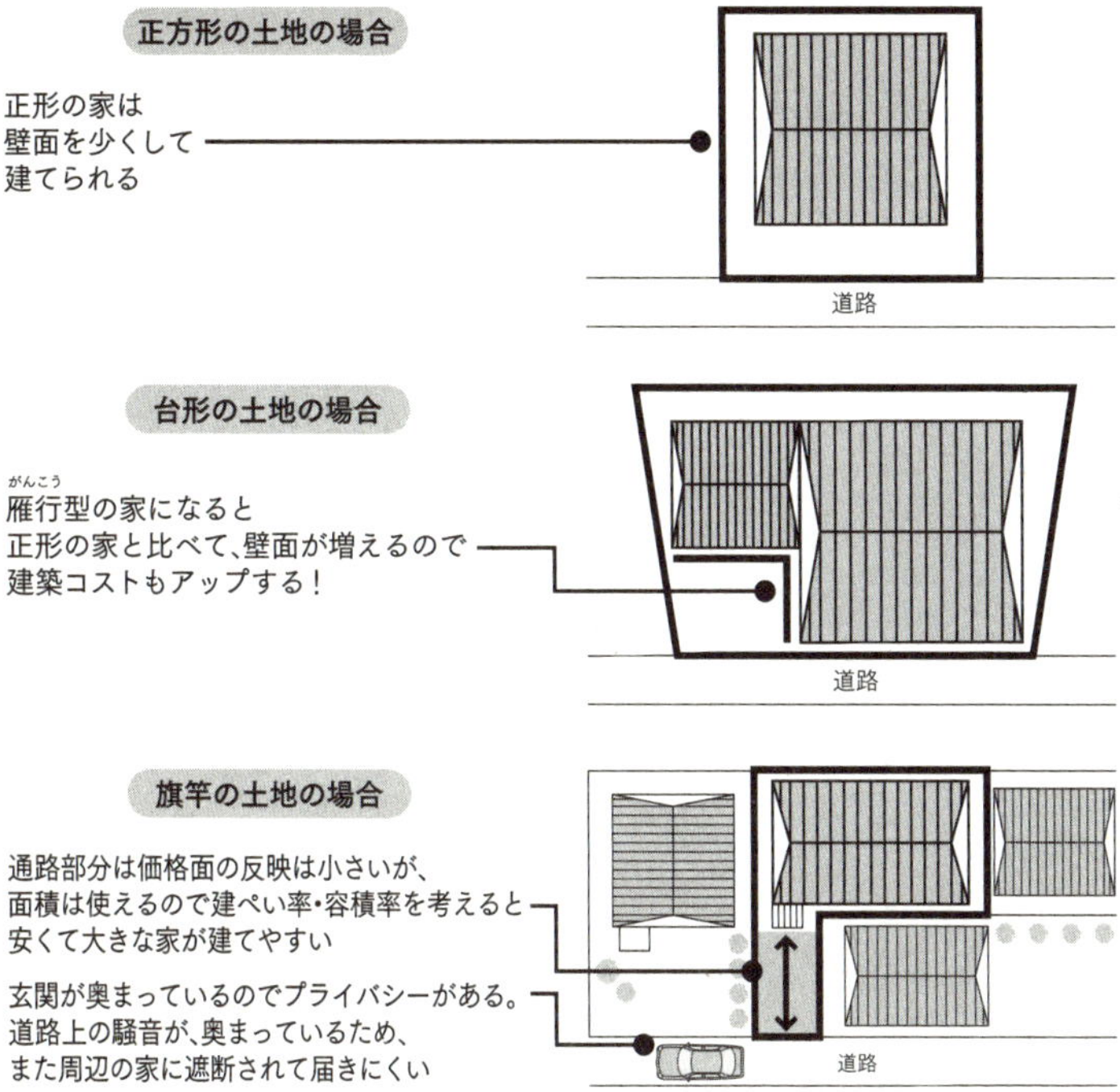
正方形の土地の場合
正形の家は
壁面を少くして
建てられる
道路
台形の土地の場合
雁行《がんこう》型の家になると
正形の家と比べて、壁面が増えるので
建築コストもアップする！
道路
旗竿の土地の場合
通路部分は価格面の反映は小さいが、
面積は使えるので建ぺい率・容積率を考えると
安くて大きな家が建てやすい
玄関が奥まっているのでプライバシーがある。
道路上の騒音が、奥まっているため、
また周辺の家に遮断されて届きにくい
道路

## 「旗竿地」の評価は？

竿に旗をつけたような形の土地が旗竿地です。

建築基準法では、住宅の建物の敷地は2メートル以上道路に接するよう定められています。

このため、旗竿の竿にあたる部分は最低、幅が2メートルは必要です。

2メートルとは、言い換えればクルマが通ることのできるギリギリの幅です。

そのため、幅が2〜3メートルならば、クルマを置けても乗降するのに一苦労ということで、おすすめ度合いとしてはマルでもバツでもないといったところです。ただし、**幅が3メートル以上あれば、実は意外とおすすめの地形なのです。**

旗竿地をいいと考えるか悪いと思うかは人それぞれですが、私（畑中）は買いだと考えています。その理由は、通路の部分は価格に反映されづらいのに、面積は建ぺい率、容積率（271ページ参照）に反映できるので、**正方形や長方形の土地と比べて、価格が割安で大きな住宅を建てやすいからです。**

また、通路を経て奥まったところに家があるので、道路からの騒音の影響が少なく、玄関が丸見えにならずにプライバシーが保てるといったメリットもあります。要はあなたがどう考えるか、ということです。

## ●土地が有効活用しにくいのが旗竿地

ただし、東京都などの自治体によっては、旗竿地ではアパートを建てられないと条例で定めています。土地の有効活用という観点からすれば、旗竿地は不利ともいえますし、将来の売却を考えるとアパート用地として売り出せない分、買い手を絞ってしまいます。

ただ、旗竿地でもいわゆる長屋を建てることは可能です。長屋とは共同住宅と異なり、通路や廊下などの共有部分がないものです。それぞれの住戸が直接、道路に面しています。2階建てで上下が分かれている場合、２階の住戸には専用の階段が設けられています。長屋で計画ができるならよしとするならば、旗竿地はアリでしょう。

### 建築条令は都市部で厳しく、地方では緩い

## 建築条例は都道府県によってかなり違います。

一般的に都市部では建築条例がかなり厳しいです。一方、土地が余っている郊外や地方は緩いようです。

ところが、不動産会社はこうした事情に対して意外と疎《うと》かったりします。

購入を考える物件がある各自治体の建築指導課、建築課などの窓口に直接足を運んで、いろいろと尋ねてみるのがいいでしょう。面倒でもこうした知識の積み重ねがいずれ利益を生み出すのです。

### 狙い目は木造20年モノ！

サラリーマンが住宅ローンを活用して家を買うときのおすすめを紹介しましょう。

## 築15年～20年ぐらいの中古木造物件を買い、リフォームするのが理想的です。

建物の評価が落ちるところまで落ちてしまっており、使えるのに売買価格に建物価格が含まれていないことがほとんどだからです。**つまり、割安で買えるのです。**

また、不動産購入時の登録免許税や、取得税といったイニシャルコストと、毎年かかる固定資産税等は建物評価に比してかかります。そのため、諸費用と経費が安く済みます。

リフォームの値段はケース・バイ・ケースですが、**安ければ400万～500万円ぐらいで浴室やキッチンなどの水廻りも含めて一新できます。**新築並みになるのです。一方で、新築は延床30坪で1500万～2000万円はします。

## その差額は1000万円以上。

新築と中古という言葉の響きはありますが、賢い住宅の買い方はどちらかを考えてみましょう。

## 「売れるかどうか」が金融機関の審査の分かれ目

金融機関の住宅ローンの審査が下りるかどうかは、借りている期間滞りなく返済できるかという点が大きなポイントです。

と同時に、**物件の場所とその築年数によって異なるのも事実です。**

たとえば、東京・山手線の内側であれば、金融機関にこだわらなければ、築年数にほとんど関係なく、融資にゴーサインが出るでしょう。築40年の耐用年数ぎりぎりの鉄骨造などでもまず問題はありません。

ところが、郊外だと、築40年も経過したような物件ならば、「もう使えませんよね」と融資できないといったケースがよくあります。それは、なぜでしょう。

理由は、「山手線の内側ならば、建物に問題があっても何らかの売却の方法がある」、つまり、**お金を貸しても「取りっぱぐれない」と金融機関側が判断しているからです。**

## 47年の法定耐用年数を超えた物件でも融資が下りる

鉄筋コンクリート（RC）造の物件の法定耐用年数は47年。ところが、築47年を過ぎた物件でも山手線の内側の地域ならばお金を借りられる場合があります。

たとえば、東京・渋谷から徒歩約9分にある**築44年のマンション購入時に、返済の期間が35年のローンの審査が下りたことがあります。**

法定耐用年数を踏まえれば通常、「3年間のローンしか組めない」と思うでしょう。しかし、この例の場合、金融機関は「購入者の収入水準が結構高い」、さらに「山手線の内側で売却や賃貸は可能」、であるから「融資資金は十分回収できる」と判断したものと思われます。

## マンションの戸数は100戸以上が理想

ただ、かなりの築年数が経過していれば、管理状態に不安が出てくるのも事実です。マンションの場合、古くなった水道の給排水管を一式交換する際の1戸当たりの費用負担など、戸数が少なければバカにならない額になります。都心だと、10～20戸などの戸数の少ない物件も多いです。中古で購入するときには、そうした点にも十分留意する必要があります。

では、費用負担を少なくするためには、マンションの戸数はどれくらいが理想なのでしょうか。私（畑中）は次のように考えています。

# 都市部では100戸以上、郊外では200戸以上が望ましい。

これぐらいの戸数だと、1戸当たりの管理費の負担額はそこまで大きく感じないはずです。大きすぎて管理組合の意見がまとまらないよ、と思われるかもしれませんが、総戸数に関わらずマンションの管理組合の総会で、自分の意見が通るなんてことは考えにくいでしょう。だとすれば、ランニングコストは安いほうが絶対にいいはずです。

## バブル期に分譲されたマンションが持つ強み

ランニングコストと同じに修繕積立金にも注意しましょう。修繕積立金とは建物を補修するために居住者が毎月積み立てたお金です。

バブル期に分譲されたマンションには資金力のある購入者の居住者が多いため、滞ることが少なく積立金がしっかりと蓄えられていることが多いです。

1989年（平成元年）に竣工した管理状態が良好なあるマンション（戸数27戸）の積立金は4000万円ありました。戸数が少なく、かつ大規模修繕をすでに2度、実施したにもかかわらず、です。つまり、新築時に購入した人がどのような人たちかによって、積み立てられている修繕積立金の額はかなり変わるのです。

一方で1975年（昭和50年）のマンションで、修繕積立金がマイナスで、借り入れによって賄われているマンションもありました。住む人が高齢化して、修繕積立金が増額されると支払いきれないので、借り入れに頼った悪例です。そのツケはいずれくるでしょう。

マンションの会計は資産価値や買った後のランニングコストに影響していきます。

そのため、売買契約をする際にもらう、マンション会計が記載されている「重要事項調査報告書」を早めに見せてもらうのも必要です。

## 修繕積立金が不足しているときは注意しましょう。

# どんな家・土地を買えばいいのか

## 物件探しの重要ポイント！　建ぺい率&容積率の基礎知識

建ぺい率や容積率も購入に関しては重要なチェックポイントになります。

**建ぺい率と容積率はどちらも、敷地に対する建物の大きさを規制するものです。**

まずは建ぺい率から見ていきましょう。

## 真上から見た建物の面積が敷地面積に対して占める割合

建ぺい率とは、建物の投影面積（真上から見た建物の面積）が敷地面積に対して占める割合のことです。１階と２階の床面積が同じで、真上から見て凹凸がない造りなら１、２階の床面積が投影面積となります。一方で、真上から見て凹凸があるなら、凹の床面積に凸分が加わります。

郊外の住宅地などは概して建ぺい率が低くなっています。しかも、住宅の場合には、民法で

## 建ぺい率と容積率の見方

[建ぺい率60%、容積率150%の場合]

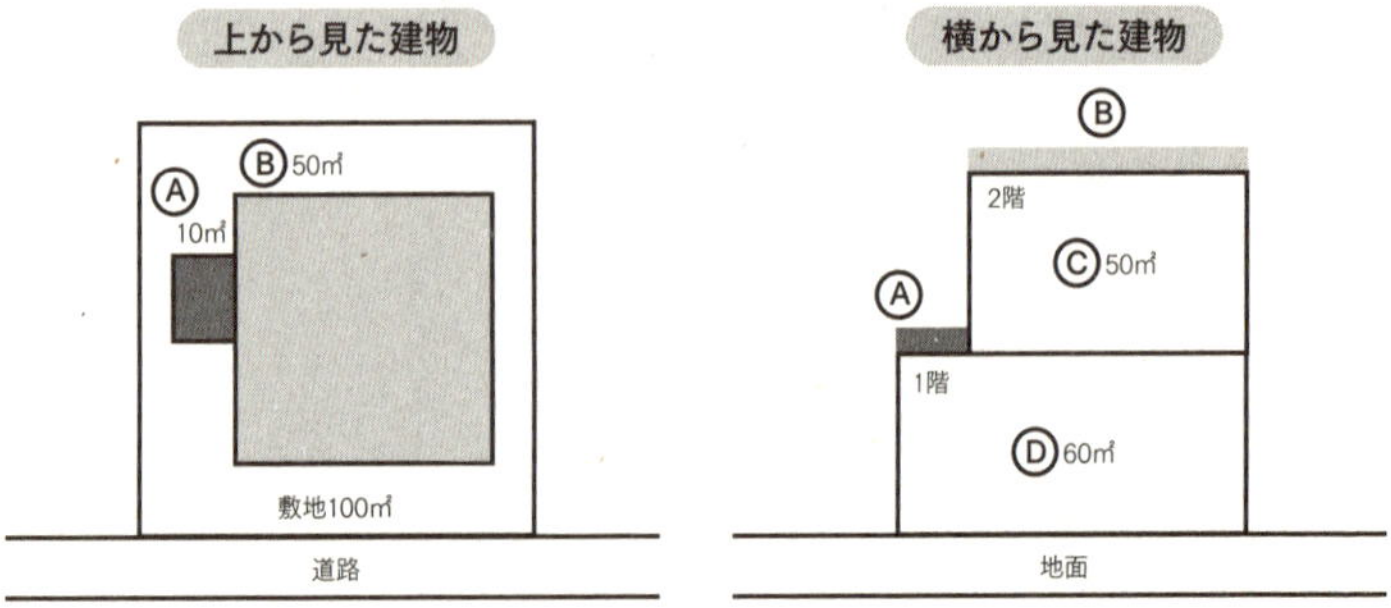


**ⒶとⒷを足した面積を敷地面積で割ったのがこの建物の建ぺい率**

※(10+50)÷100=60%
60%≦建ぺい率(60%)なので
セーフ!

**ⒸとⒹを足した面積を敷地面積で割ったのがこの建物の容積率**

※(50+60)÷100=110%
110%≦容積率(150%)なので
セーフ!

隣地から建物を50㎝以上離すことも決められていますので、敷地が一定面積ないと十分な住宅が造れないこともあります。

### ● 敷地面積に対して建物の延べ床面積が占める割合

次に容積率ですが、これは敷地面積に対し建物の延べ床面積が占める割合のことです。100㎡の敷地に1階70㎡、2階30㎡の合計100㎡の建物があれば、容積率は100%となる計算です。

**建ぺい率と容積率は都市計画法に基づいて用途地域ごとに上限が決められており、その制限を超えて建物を造ることはできません。**

### ●道路の幅で容積率の制限は異なる

なお、容積率には接する道路の幅などによっても制限があります。仮に道路幅がαだとすると、住居地域の容積率は「α×40／１００」。道路幅が４メートルならば、容積率は１６０％（４×40／１００＝１・６）となる計算です。

この制限による容積率と、「用途地域」（３０１ページ参照）で指定された容積率のどちらか低い数値を採用することになります。

たとえば、用途地域では容積率２００％なのに、道路幅が４メートルですと前述の通り１６０％に制限されますので、後者の１６０％を採用しなければなりません。

## 住宅地域は通常、容積率の上限が２００％です。

一方で、住宅地域以外の容積率は最大で８００％となります。また、商業地域だと、未利用容積率を隣接地の容積率に上乗せすることができる「空中権」の購入などに伴い、さらに容積率の上限を引き上げることが可能です。

## 将来売るなら容積率が高い物件のほうがおすすめ

建ぺい率が80％で容積率が８００％の地面があったとしましょう。この場合、10階建てのマンションを建設することができます。一方で、容積率４００％なら5階建てが限度です。

**そう考えると、将来の売却を考えるなら、容積率が高い物件を買うほうがさまざまな用途が検討できるのでいいでしょう。**

現在の姿で検討をするだけではなく、容積率を使い切った姿をイメージして損得を判断するのもいいでしょう。**売り主さえも気づいていないお得な物件もあるはずです。**

ただし、住むこととのバランスはよく考えてください。

**容積率が高いことはイコール周りに高い建物ができること。**

日照が入らないなどの問題が起きることもお忘れなく。

### 違反建築の物件はどうやって調べる？

建ぺい率や容積率が規制を超えた物件を購入しようとすると、銀行の住宅ローンの審査が下りない可能性があるので気をつけてください。

また、仮に審査が下りたとしても、一生住み続けるなら構いませんが、住宅ローンの審査が厳しいので買い手も絞られ、売却も容易ではないことを知っておきましょう。

**購入前に建ぺい率などの違反をチェックするにはどうすればいいでしょうか。**

登記簿謄本を閲覧して土地と建物の面積を確認する方法と市区町村から発行される評価証明書で確認する方法があります。

評価証明書にも土地と建物の面積が記載されています。**ここで知った面積を単純に「建物／土地」とすることでおおまかな建ぺい率などがわかります。**それを、用途地域で指定されている建ぺい率などと比べれば違反をしているかどうかチェックできます。

# 不動産会社を味方にするには

## 不動産会社とどうつき合うか?

資金計画を立てて物件を探したら、次に大事なのは不動産会社とのつき合い方です。
まずは、２つの選択肢があります。

**①自分で物件探しをしてから不動産会社に連絡する**

**②代理人のような形で会社にすべてを委ねる**

自分で決めた「物件」や「優先順位」にこだわりたいのならば、①がいいかと思います。

当然、物件を丹念に見るなどあなた自身の時間を使うことになり、一定の知識が必要となりますが、後悔する可能性も低くなります。

逆に、あまり時間を割けない、知識がない場合は、②の不動産会社にお任せするのがいいでしょう。さらに、できるだけ多くの物件を見たいというのであれば、物件探しは地元の不動産会社にお任せするのが賢明でしょう。

いずれでもかまいません。要は自分のポリシー次第です。

## 不動産会社はこれで決めよう

では、不動産会社選びの決め手は何でしょうか。

ポイントは、①信用できるのか、②こちらの意図を汲んでくれるのか、この2点です。

大手や中小といった、不動産会社の規模はあまり良し悪しには関係しません。

**担当者の能力によるのが不動産取引です。**

## 大手のメリットはあるけれど……

大手の場合には優良顧客を抱えているため、未公開物件といった「隠し球」を持っているケースが多くあります。それが狙い目だと考えるなら、大手の業者に行かざるを得ません。

しかし、当然のことながら、不動産会社は自分の物件がいいか悪いかといったことはあまり口にしたがりません。ただ、「買いますか?」もしくは「どうですか?」というだけ。

だから、じっくりと話を聞きたいならば、信用できる不動産会社に目利きをしてもらいながら、買う買わないを選んでいったほうがいいでしょう。

## 不動産会社は「敵」か「味方」か?

不動産会社は敵ですか、味方ですか。そう聞かれることが多くあります。

答えは、誰もが欲しい物件を扱っているなら、売り手には「味方」、買い手には「敵」。

そこまで皆が欲しがらない物件なら、売り手には「敵」、買い手には「味方」となります。

その理由は、手間と広告料の関係にあります。

誰もが欲しがる物件なら手間や広告料が少なくて済むので、不動産会社は売り手にはいい顔をします。

一方で、普通の物件、あるいは人気がない物件の売り主の場合、敵になるのは以下のような理由です。たとえばチラシなら1枚刷るのに3円。配布するのに1枚当たりプラス3円上乗せされます。1万部配るとすれば、コストは6万円にもなります。

それでどれほどの効果があるか。1万部でやっと1人来る程度。それも買うかどうかわからない。**もう1万部だとさらに6万円かかるので、できるだけ来た買い主で決めたいところです。**

## 取引を成立させるのが不動産会社の仕事

そうして来た買い主がようやく買う気になってくれたけれど、２００万円の値引きを求めてきたらどうでしょう。

不動産会社の取り分となる、物件の取り扱い手数料は４００万円超の物件で売却額の３％プラス６万円。**物件が2000万円だとして、不動産会社が得る手数料は66万円。**

２００万円の値引きは売り主にとっては大きいですが、不動産会社にとってはマイナス６万円でしかないから、値引きしてさっさと売ってほしいというのが本音なのです。だから、「この買い主さんに２００万円引きでも買ってもらいましょう」と売り主にいってくるわけです。

しかし、**あなたが買い主の場合、ここで不動産会社は「味方」になってくれます。**値下げ交渉などに本気で取り組む。ようやく来てくれた買い主ですから当然です。また、取引を成立させることが不動産会社の仕事であり、利益だからです。

## 半年間はネットで勉強する

いずれにせよ、一生懸命に勉強しておかないと、不動産会社にいいようにやられてしまう可能性があるということだけは肝に銘じておいてください。また、信用できない不動産会社とつき合うのもご法度です。

あわてて物件探しに飛び込まず、最低でも半年程度はインターネットなどを使って物件価格のチェックや不動産会社の評判を見るなどして、事前に勉強しておきましょう。

## ●隠し球を紹介してもらえる「いいお客」になる3条件

不動産会社にとって、「いいお客」のポイントは次の3点です。

**①返信をもらえる**
**②会社や担当者を業者扱いしない**
**③年収など個人情報を開示してくれる**

連絡に関しては、物件の紹介をもらったら、そのまま放置せず、その物件についてどう思うかぐらいは返信しましょう。たとえ気乗りしない物件でもなるべく早めに「この物件の購入は見送ります」という一報は入れるのです。レスポンスの早さは購入意欲を相手に示すことでも

**あります。不動産会社も購入の可能性の高いお客をほかへ逃さないよう、それだけいい情報をたくさん送るようになります。**意外としない人が多いので注意しましょう。

また、単なる業者扱いされると、不動産会社もやる気をそがれてしまいます。特に腕の立つ営業マンほどプライドはあるのでそういったお客を敬遠します。**一緒に家探しをする「パートナー」的な存在として接することで、担当者のやる気を引き出すことができます。**

住所氏名や年収、自己資金、希望条件といった個人情報の開示は必要です。ただ実際には、物件が決まるまでほとんど何もいわない人が多いです。**特に警戒心が強いのは女性。**

しかし、個人情報の開示がないと、担当者も何をすすめていいのかわからず対応に困ってしまいます。**新規で不動産会社を訪れたときには、具体的な条件をすべて話すつもりでいましょう。**

そうはいっても不安があれば、駄目な不動産会社と担当者を避ける〝目〟を作っていくことです。

## 「駄目な不動産会社」の見分け方

「駄目な不動産会社」の共通項は何でしょうか。

答えは簡単で、**連絡をしても返信をしないといったビジネスの基本的な対応ができていない**

ところで、電話やチラシ攻勢などをかけてくる業者も考えものです。

**顧客のいうことを何でも聞くような業者、逆に顧客に何もＰＲしてこない業者にも注意が必要です。**特に後者のようなタイプは新人営業マンに多いのですが、嫌われたくないという気持ちからなのか、年収など個人情報に関する話などを一切避けてしまいます。それをあえて聞かなければ不動産取引は何も始まらないのです。

## ●「寸止め」で相手の反応をチェック

マンションの内覧などで物件を見に行ったときは、物件だけでなく売り主と先方の仲介会社の態度などもよく見ておきましょう。

たとえば、**壁をたたいてみるよりもむしろ、たたこうとする前に「寸止め」して相手の顔色をうかがってみます。**何かやましいところがあれば、売り主と仲介会社が「大丈夫かな……」と顔を見合わせるなど、言葉にならずともそれとわかる反応をするはずです。

内覧でもっとも望ましいのは、不動産取引に詳しい建築士など知識を持った専門家を、不動産会社からの紹介やネットで探して連れて行くことです。

それはお金がかかるのでちょっと、ということであれば、最初は自分で見て、「おかしいな」と感じたら専門家に依頼すればいいでしょう。

## 不動産会社に行くなら8月か9月

新規の相談なら1年のうちでいつ行くのがベストなタイミングなのでしょうか。

不動産会社側からすると、あまり忙しくない8月か9月に相談に来てくれる方が一番ありがたいものです。10月から物件探しなどが始まり、翌1、2月にもっとも売れる時期を迎えます。

つまり、10月から翌年3月までが業者にとって「ホット」な期間。この繁忙期に来られても、買う、売るなどがハッキリしていない人には忙しくて対応できない、こうなりやすいのです。

逆をいえば、

**まだ忙しくない8月か9月なら**
**ゆっくりと相談できる可能性が高いのです。**

ちなみに8月より前はどうでしょうか?

実は6月や7月も「夏休みまでに引っ越したい」といったニーズが強く、業者は対応に追われる時期です。そう考えると結構、「ヒマ」なシーズンは限られます。

# 物件を購入するときはここに要注意！

## 「建築確認済証」と「検査済証」は必ずチェック！

次は建物購入に際しての注意点です。

購入で必ずチェックしたいのは、建築主が「建築確認済証」と「検査済証」をともに取得しているかどうかという点です。

建築主は建物を造る際に構造や間取りなどに関して特定行政庁（審査を行う公共団体）に許可を求めます。特定行政庁がこれを審査し適法だと許可すれば、「建築確認済証」を交付します。

建物ができあがった竣工時には改めて申請を行い、自治体が物件を確認します。建築物や敷地が建築関連の法律に適合していると判断すると、「検査済証」を交付します。

ただし、1998年（平成10年）以前の木造の2階建て、平屋一戸建ては、建築確認済証はあるが検査済証はないのがほとんどです。

## 検査済証のない物件に出合ったら……

そういう物件に出合ったらどうするか。

まず、建物を申請したときの間取り図と比べて、現況に大きな違いがなければ特に問題はないでしょう。

逆に、**施工前の申請と間取り図から大きく変わっているものは避けましょう。**違反建築であり、安全性が成り立っていないため、どこかの箇所がボロボロになっている不安もあります。

また**木造の一戸建て以外は、検査済証がないと、銀行の審査で住宅ローンが通らない可能性は高くなります。**たとえ審査が通っても、売却にも苦労することを忘れずに。

## 判を押す前にしっかり読むこと！「重要事項説明書」の注意点

契約にあたっては、不動産会社から出される「重要事項説明書」という書類を必ず事前にチェックしましょう。

これは、法律で定められた書類で、不動産取引の際に買い主が勘違いをしないように重要なことを説明するためのものです。

## この説明書にはトラブルになりそうな点に関する記述が盛り込まれています。

たとえば、日照の問題。「購入物件の前にマンションが建つ」といったことが書かれています。また、修繕積立金の不足、リフォームが難しい、近隣とのトラブルについても触れています。「かつて周辺で殺人事件があった」といったような情報も含まれています。

### ●契約の場で急に説明書を持ち出す不動産会社は危険

ただ、イケイケの営業をしている不動産会社などでは、問題があるとなると買ってくれなくなるので、契約の場でいきなりこの説明書を持ち出し、勢いで判を押さざるを得ないように仕向ける担当者がいます。

「とりあえず印鑑を押してもらい、家に帰ってから詳しく見てください」などと調子のいいことを口にしながら、判を押させてしまうのです。

# 相手のペースに乗らないようにあらかじめチェックしておくことは絶対です。

そのため、契約日の数日前には、不動産会社からもう1つの重要な書類である「売買契約書」と一緒にもらって、予期していないことが書かれていないかを確認しておきましょう。

## 平均年収400万円がターゲット。「パワービルダー」とは

戸建てでは最近、「パワービルダー」の取り扱う物件が1次取得者（初めて家を買う人）の支持を集めています。「パワービルダー」とは、1次取得者に比較的廉価《れんか》な住宅を提供する戸建て業者のことです。主に郊外に広さ3LDK、庭付きで2000万～4000万円といった物件が多いのが特徴です。パワービルダーが狙うのは平均年収400万円前後の層です。

## 「パワービルダー」の物件はなぜ安いのか

パワービルダーの物件の安さの秘密は管理体制と一括仕入れにあります。少数の営業マンが土地の仕入れから販売・アフターケアまでの全工程をカバーします。それだけ人件費が抑制さ

れています。

また、グループ会社で住宅資材を一括発注するなどの取り組みも値段を抑えられる理由です。それに加え、駅から徒歩20分前後の物件が多く、「駅近」物件に比べれば土地の仕入れも安くなっています。あくまでも1次取得者層が買いやすいように計画されているのです。

ただその分、質は昔あったような家と比較した場合、劣ることも多く、メンテナンスなどに気配りしないと上モノの寿命が短くなってしまうといったデメリットがあります。

## パワービルダーの物件は「消耗品」といった割り切りが必要かもしれません。

### ●「徒歩1分」は80メートル

ちなみに、戸建て住宅のチラシなどでよく見かける「徒歩〇分」といった記載。これは道路距離80メートルが1分という換算です。なお、1分未満は1分に繰り上げされます。あくまで道路距離であって、直線距離ではないことに注意してください。

実際には、信号待ちなどもあり、歩いてみると「あれ？　この徒歩表示は違わない？」ということはよくあります。表示を信じるのではなく、実際に自分で歩いてみることが大事です。

## 不動産は１割程度は値切れる

不動産を買う場合にはいったいどの程度、値切ることができるのでしょうか。一戸建て、マンションで新築など売り主が事業者といったことであれば、利益は価格の1～3割ぐらいを見込んでいるはずです。そこで、**決算期のタイミングに重なれば、**

# １割以上値切ることも可能です。

私（畑中）も３０００万円の新築戸建てを決算期の３月末に、５００万円引きの２５００万円で売ったことがあります。２割近くの値引きです。

ただ、最後の1戸として残った物件には、それなりの理由があるから残っているのだということも覚えておいてください。

## 残り物には福がある反面、残った理由もあるのです。

売り主が個人の場合は、売却理由によって値引き交渉や額が決まります。急いで売りたい場合は値引きも大きいですが、いい人がいれば売りたい程度なら値引きは厳しいものでしょう。

### ●値切りのベストタイミングは日曜日の夕方

新築マンションの購入でモデルルームを訪れる際、

## 日曜日の昼間に足を運んで閑散としていたら、値引き交渉が可能だと考えてください。

マンションの販売員は週単位でどの程度の申し込みを獲得できたか、週明け月曜日の会議で事業主に報告する必要があります。

このため、日曜日の午後、モデルルームにあまり人がいなければ、明日の報告のために値引きして処分しようという気持ちになりやすいのです。

## ●本当は実在しない買い主にだまされるな

「買い主が物件を探しているので売却してほしい」「高く買ってくれる買い主がいます」という不動産会社のチラシがポストに入っていることも多いでしょう。これには用心が必要です。

チラシには「購入を検討中のお客さまがいます」などと書かれていますが、たいていこういう場合は、**売り主からの仲介手数料収入が目当てで、実際には「お客さま」など存在しないケースがしばしばです。**「物件を見学したい」という「サクラ」を連れてくることもあるほどタチが悪いケースもあります。

それで売り主を釣って売却依頼を取り、最終的には「案内したけれどもやはりダメでした」などといって、売り主の手数料だけを懐に入れようとします。

**うまい話なんて、そうそうあるはずがありません。**

もし、本当にそんなうまい話があるのなら、口コミなどですぐに決まってしまいますし、わざわざお金と手間がかかるチラシにして大量に撒いたりするはずがありません。

# 「大家さん」になって稼ぐ方法

## 不動産投資が持つ3つの優位性

ここまでは「住む」という観点から不動産購入のポイントについて説明してきました。ここからは「投資」という視点に変えて私（伊藤）が進めます。不動産投資の優位性は大きく3つです。

**①高い配当が安定して得られる**

**②レバレッジを効かせやすい**

**③参入障壁が高く、いったん入ったら競争がない**

1つ目は比較的高水準の家賃収入が安定的に見込めるという意味です。

2つ目のレバレッジですが、不動産投資には、投資額が少ない割に、高い見返りが期待できるという側面があります。

**自己資金は物件価格の1割程度あれば問題ありません。**

たとえば、1億円の物件でも1000万円、諸経費を含めても2000万円前後が手元にあればOKです。仮に家賃収入から管理費その他の経費を差し引いたネット利回りが5％だとすれば500万円が収入になります。**自己資金1000万円に対して50％の利回りになる計算です。**単純に考えれば、5％の利回りが10倍の50％に跳ね上がったということになるわけです。物件購入に伴う借り入れの利息支払いなどを差し引く必要がありますが、それでもレバレッジの効用で高い見返りが期待できるのは間違いありません。

## ● 1年勉強すれば、投資家として成功できるジャンル

3つ目の参入障壁について説明しましょう。

**実は個人で不動産投資をしっかり勉強している人はさほど多くありません。**1年ほどしっかり学習すれば結構簡単にプロになることができます。

ビジネスをやる傍ら、「大家さん」として不動産投資を実践している人だと、それなりに勉強していますが、正直なところ、親から相続した昔からの土地に上モノを建ててしまった地主などは「勉強不足」といったケースが少なくありません。特に地方ではそれが顕著です。**競合相手などいないといっていいぐらいのものです。**

## 自分に対する投資で得られる果実が決まる

投資の勝ち負けで決めるのは結局、手元にあるお金の総額ではなく、

**どれだけお金を生む能力があるかです。**

勉強をしないままいきなり投資しても、いい成果を得るのは難しいでしょう。焦ってはいけません。お金を注ぎ込む前に学習しましょう。不動産のマーケットについて十分に調べる必要があります。もちろんそれは不動産投資に限ったことではありません。株式や債券でも同様ですが、自分に対する投資が将来、大きな果実をもたらすのです。

## お金を運んでくる物件の見つけ方

### 地方の物件を狙え！

資産を増やそうとすれば、地方の不動産、収益物件の売買を私（伊藤）はおすすめします。

首都圏と地方の物件の利回りに格差が生じるのは、マーケットの熱さに起因します。

株式などとは異なり、「一物一価」ではないのが不動産の世界です。しかし、たとえば、東京・銀座のビルの売買などの場合、「プレーヤー」が多くて、取引価格は一定の水準になります。

一方、地方だと、プレーヤーが少なく、取引価値もバラつきがちで、

**極端に割安な物件もあれば、逆に割高なまま放置される物件もあるのです。**

### 決め手は不動産会社の「入居付け」

物件購入では入居者がいるか、周辺の不動産会社が「入居付け」をしてくれているかが1つの決め手になります。「入居付け」とは、入居者を募集して入居を決めること。**入居者がつくかどうかは、不動産会社がどれだけ多くの内見者を物件に案内しているかによってきます。**

### 「勝ち組」の立地、「負け組」の立地

物件の立地には「勝ち組」と「負け組」があります。どんなエリアであっても「勝ち組」に属する一等地であれば、「入居付け」は問題ありません。

## 何も東京だけが「勝ち組」立地ではありません。

中京地区を考えてみましょう。名古屋は人口流入が続くという意味で「勝ち組」の立地です。周辺の岐阜県、三重県、静岡県から移入が続きます。しかし、三重県も出す一方とは限りません。もちろん三重県全体で見れば、移出が移入を上回るでしょうが、**地域によっては人口**

増の「勝ち組」立地もあるはずです。

街の中心部、県庁周辺などには人の住む理由があります。そうした「一等地」を狙えば、賃貸業は成立するというわけです。

## ●「勝ち組」立地でも「入居付け」は大事

ただし、「勝ち組」立地にある物件でもすべてが満室とは限りません。

たとえば、現在、三重県松阪市の入居率は平均で約70％ですが、50％ぐらいの物件もあれば、80％超の物件もあるなど、二極化した状態です。

入居率を左右するのはアパート経営の巧拙。不動産会社による「入居付け」ができているか否かによって、大きく左右されます。

## ●入居者の決まりやすい物件の共通点

では、不動産会社が頻繁に内見者を案内するのはどのような物件なのでしょう。言い換えれば、「入居者の決まりやすい物件」です。

「入居者の決まりやすい物件」にはリフォームが完璧、家賃が割高でない、共有部分の清掃が行き届いている、家具・調度品が洒落ている、といった条件を満たすものが多いです。

オーナーが不動産会社に支払う手数料も大事です。

「家賃の1カ月分」が一般的な相場ですが、「2カ月あるいは3カ月分支払いますよ」となれば、不動産会社のモチベーションが上がり、「入居付け」にも力が入ろうというものです。

### ● オフィスが減っても住民が減るわけではない

交通網の発達に伴い、地方の人たちが首都圏に吸引されてしまう「ストロー化」が懸念されています。しかし、**オフィスが減少しても、住んでいる人までが減ってしまうわけではありません。**ビジネスユースの物件に対する需要は落ち込んでも、賃貸物件の価格はさほど悪影響を受けないといったこともあります。

そこを狙い、**住居用の物件が若干下落したところで、購入に踏み切るのも1つの考え方です。**

ただ、地方の物件が将来収益を生むかどうかを見極めるのは難しいでしょう。そこはもう、

## 地元の不動産会社に聞くのが一番たしかです。

こちらが投資家で将来のオーナー候補だとわかれば、丁寧に接してくれます。もちろん本気でオーナーになりたい気持ちを示すことが必要になります。

### 街並みは変わっても「駅」は動かない

地方でもっとも確実にそれなりのリターンが見込めるのは、「駅近」の物件。

## やはり駅近は強いのです。

**道路の敷設や大型商業施設の進出で街並みが変わることはあっても、駅自体が移動してしまうことはありません。**現実に駅周辺の商店街が「シャッター通り」と化し、店が減るなどの例はしばしば見聞きしているでしょう。しかし、商店街の跡地に分譲マンションが建設されたり、「クリニックモール」のような施設が立ち上げられたりすることもあります。

### 「SC近」も狙い目

**イオン、イトーヨーカ堂など大手流通のショッピングセンター（SC）周辺の物件も堅いでしょう。**ショッピングセンターが進出すると、利便性に着目した分譲業者が周辺の土地を購入し、戸建て住宅を建設します。新築物件の購入は若年層が中心です。いきおい、その地に何十年も暮らすため、コミュニティーが形成されるようになります。

そうなると、将来、大型の商業施設が撤退しても、コミュニティーをターゲットにした別の流通が進出してきます。

## 人口減が起こりにくく、周辺の物件は投資の格好の対象になります。

### 不動産投資でもっとも重要なのは立地

木造住宅の場合、耐用年数の22年が経過すると、固定資産税の評価はゼロになります。しかし、この物件が満室で毎月50万円の家賃収入があり、1000万円で購入したとしましょう。

**1000万円の投資に対して毎年、経費や税金を考慮しても、400万〜500万円のリターンが見込めます。**

であれば、買い手がたやすく見つかるでしょう。

**キャッシュフローが入ってくれば上モノの評価がゼロでも問題ありません。**

土地は1000万円と安いですが、それが600万円のキャッシュを生み出します。そうなるとおそらく、3000万〜4000万円の価値評価はつくはずです。

「地方だと土地がもともと安いし、さらに経年劣化で上モノの評価が下がったら売却ができなくなる」などと考えるのは誤解なのです。

**不動産投資でもっとも重要なのは立地です。**

20年後、30年後も入居者が確保できるエリアであるかどうかにかかっているといって過言ではありません。

## ●「用途地域」と価格の関係

それぞれの土地は「都市計画法」によって、住居、商業、工業などその用途が12種に決められています。これを「用途地域」と呼びます。これもチェックしましょう。

**用途地域は価格にも影響大です。**

住居地でもっとも物件価格が高いのは「第一種低層住居専用地域」。

良好な住居環境を保護するため、建築物の高さが10メートルもしくは12メートルに制限されています。建ぺい率（271ページ参照）の制限も低く、庭付きなどゆったりとした造りの戸建て住宅が多く軒を連ねています。

## 人口予想と「HOME'S（ホームズ）」の空室率は参考になる

私（伊藤）が、地方の不動産投資で参考にしているデータは、国立社会保障・人口問題研究所の人口予想と「HOME'S（ホームズ）」の空室率です。

しかし、急激な人口減が生じているとか、空室率が高いとかいうだけの根拠で購入を見送るスタンスは一切取っていません。あくまでも、それぞれの物件について中身の見極めが最優先です。データがカバーしているのは、せいぜい市のレベルまでです。データ的に不利でも、もっと細かく現地を見れば、「一等地」ということもよくあります。

**実際に地元へ足を運んで、物件を調査するのが大原則なのです。**

それによって安定した需要が見込めると判断できれば、購入に踏み切ります。

「シングルニーズ」には手を出すな

# 購入時にはできるだけ「マルチニーズ」の物件に絞り込みます。

マルチニーズとは、複数の人のニーズに対応できる物件かどうかということ。「シングルニーズ」の物件は要注意です。

たとえば、近くに大学があって学生のみが入居者の場合には、大学が撤退したときのリスクが大きいのです。そうした物件は購入を避けます。

逆に、駅周辺で働く人、駅の反対側に立地した工業団地にある会社に勤めている人、近くのショッピングセンター内の店に勤務する人など、複数の生活様態の人々が暮らす場所にある物件ならば、会社やショッピングセンターが撤退しても、入居率が急低下する可能性は低いと読めます。そのような物件は「堅い」といえるのです。

## 入居率はエリア単位で判断。一棟一棟は気にしない

1つひとつの物件を丁寧に見るといっても、私（伊藤）は入居率に関して一棟一棟の水準はさほど気にしません。1戸ごとの入居率は結局、オーナーなどのオペレーション次第です。

**候補とするエリアの賃貸需要を見極めるには、1棟の物件だけでなく、周辺の複数の物件も参考にします。**平均で7〜8割の入居率であれば問題ありませんが、5〜6割だとしんどいでしょう。あくまでも肌感覚ですが、1つのモノサシにはなるはずです。

## 割安か割高かもエリア単位で判断

割安か割高かという判断も、同じエリアの他物件との比較をもとに行います。

東京都心の大通り沿いで利回りが5％の物件と、通りからちょっと路地裏に入ったところにある物件で利回りが同じ5％だったら、大通り沿いのほうがおトクなのは誰でもわかるでしょう。逆に路地裏の物件が利回り7％ならば、路地裏のほうがいいとなります。

# 物件の数を見れば見るほど、相場観が養われます。

## 地方不動産への投資は集合住宅から

最初に地方不動産へ投資をしようというのであれば、自分自身の資産規模に合わせてレジデンス（集合住宅）の物件を選択します。好立地でリスクの低いところを狙うべきでしょう。

アパートやマンションの法人での一括借り上げ物件は避けたいものです。賃借者との契約が何らかの理由で打ち切りになったとたん、入居者が激減するリスクがあるからです。

## 投資に向いた不動産会社の見分け方

「入居付け」の強い不動産会社かどうかを見極めるにはどうすればいいのか。

複数の会社を回っていると、やがてそこがどんな会社か雰囲気でわかるようになります。

店内じゅうに物件の間取り図を貼り、街中でいくつもの看板を見かけるような不動産会社は、賃貸仲介に力を入れていると見ていいでしょう。

**そうした店には入りやすいのです。**

地元の人たちも物件探しでは頼りにしています。

逆に売買しか手掛けていない業者だと、一軒家に紙が貼られているだけといったイメージ。売買を1件行えば、日々の生活に困らない程度の大きな収入が見込めるため、利の少ない賃貸の仲介には消極的になるのです。**管理を任せてもしっかりした入居募集などしてくれません。**

入居募集に積極的な会社は不動産の管理業務にもしっかりと取り組んでいます。**「アパマンショップ」「ミニミニ」「エイブル」などの大手賃貸業者はフランチャイズで広範に展開しています。**管理システムが充実している上に、研修などにも注力しています。

結局、そうしたところに依頼するのが無難な選択ということになります。

## 有力な情報源となるサイト

地元の不動産会社訪問以外では、「不動産投資連合隊」「健美家」「楽待」といった専門サイトなどもチェックしておきましょう。

ただし、これらのサイトはたくさんの投資家が閲覧しているため、人気の物件は奪い合いです。**まずは情報のみを収集し、それをもとに地元の不動産業者を訪問していくことです。直接の関係を作り上げていくのが不動産投資で成功する秘訣です。**

## 投資目的で借り入れをするときの注意点

### お金はどこから借りるか

物件購入時には、どこの金融機関からお金を借りるかも押さえておきたいポイントです。

**投資目的で借り入れを行う場合、居住目的に比べて金利は高くなります。**

特に審査が比較的緩やかな銀行から借りようとすれば、その分、金利は高めにつきます。地方の物件を購入する際、その地方の地元の銀行から借りるのは難しいでしょう。**地方銀行は地元の人にしかお金を貸さないというのが基本姿勢です。**

信用金庫や信用組合も地域の繁栄を目的として設立された協同組織なので、融資も原則として、出資している地元の会員（組合員）が対象となっています。

## 縁もゆかりもなければ地元で融資を受けるのは厳しい

ただし、もともとの出身だった地域で、そこに実家があったり、将来は「Uターン」する予定だったりすれば話は別です。**資産管理法人を実家に作り、不動産を所有させるなどの手だてを講ずるなどすれば、銀行内でも稟議が通りやすいのです。**

しかし、これは言い換えれば、縁もゆかりもなければ融資を受けるハードルは相当高いということでもあるのです。

となると、大手の銀行や日本政策金融公庫などの借り入れに頼るしかありません。大手金融機関からの金利のほうが、地元行からの借り入れ金利よりも低い場合もあったりします。

## 融資のために気をつけること――築年数

**地方へ投資する場合、木造ならば築10～15年までが限界だと考えてください。**それ以上の年数が経った物件になると、金融機関からの借り入れが難しくなります。

築20年以上の物件でも融資してくれるケースはありますが、それは金融機関の担当者と懇意にしているなどといった特殊な事情があっての話です。法定耐用年数ではなく、「経済耐用年数」というモノサシで、築年数が相当経った物件でも金利を高めに設定して融資を行っている銀行もありますが、それはあくまでも例外中の例外です。

### 新築物件は買った瞬間に価値が下がる

**私（伊藤）は、新築物件の購入はおすすめしません。**売却価格にはデベロッパーの利益が上乗せされているため、買った瞬間に価値が急落してしまいます。

## 新車を買うのと同じことです。

所有地に上モノを建てて家賃収入を得ようとするのも判断が難しいでしょう。地方は家賃の水準が低いので、借り入れを起こしてまで新しい物件を建築しても、回収が簡単ではないからです。相続に絡んだ節税目的であれば話は違いますが、純粋に事業としての不動産投資であれば、立地や家賃相場の入念なチェックは不可欠です。

特に、地方で鉄筋コンクリート（RC）造の物件を新築するのは無謀といわざるを得ません。コストがかかるので、まずペイしません。**よほどの好立地でない限り、鉄筋コンクリート造の賃貸業は成立しないと考えたほうがいいでしょう。**

## 融資のために気をつけること――耐震基準

耐震基準にも気をつけなければなりません。1981年（昭和56年）に耐震基準が大改正されて、同年6月1日以降に工事着手の建物には従来よりも厳しい基準が適用されています。新耐震基準が施行されてから間もない1982～1983年築の物件だと、旧耐震基準が適用されているものもあるので注意が必要です。建築確認通知書と検査済証（284ページ参照）の取得時期を確認しましょう。

もっとも、投資の場合、旧耐震基準適用の物件がすべてNGとは言い切れません。融資をためらう銀行もあるにはありますが、**そうしたデメリットを勘案しても割安で購入できる高利回り物件であれば、投資対象に加えるのも1つの考え方です。**

ただ、大通りに面しているような旧耐震物件に関しては、今後は耐震検査を強化するとの観測も浮上しています。将来的に補強義務が法制化された場合、そのための費用が発生する可能性もあり、都心の好立地ではかえって旧耐震物件には手出ししないほうが無難でしょう。

## 売却のタイミングは?

売却のタイミングをどう判断するのか。

## 実はそれが一番悩ましい問題です。

仮に５０００万円の物件を８０００万円で処分し、３０００万円のキャッシュが手元に入ったと想定しましょう。その物件が家賃収入などで毎年４００万円のリターンがあったとしたら、年利回りは約13％。売却に伴い、３０００万円の現金と引き換えに毎年４００万円の儲けを失う計算です。

それでも、３０００万円を元手に年13％以上のリターンをもたらす投資ができるのならば、処分したのは正解といえます。それができなければ持ち続けたほうがいいでしょう。

しかし、その判断はあくまでも投資家自身のスキルによります。あなた自身が自分のレベルを冷静に判断して決定してください。

一般論ですが、投資のノウハウを蓄積し高いテクニックを身につけている人は、現金化して次の投資へお金を回したほうがいいでしょう。

# 第7章

【海外投資】

# 海外投資でしっかり儲けるヒント


**太田 創**（おおた　つくる）

フィデリティ投信株式会社　商品マーケティング部長

1985年、関西学院大学経済学部卒。同年三菱銀行（現・三菱東京UFJ銀行）入社。その後、外資系資産運用会社等を経て、2007年フィデリティ投信入社。商品マーケティング部長として、投資信託の商品企画及びマーケティングに携わる。投資信託をはじめとする金融商品の他、海外での資金ディーラーとしての豊富な経験を活かし、市況や金融市場に関する幅広い啓蒙活動、著述、寄稿、講演を数多く手掛ける。

**木村昭二**（きむら　しょうじ）

新興国市場研究家

慶應義塾大学卒、オックスフォード大学サイードビジネススクール、Oxford Global Investment Risk Management Programme 修了。複数の金融機関、シンクタンク等を経て現在はPT（終身旅行者）研究家、フロンティアマーケット（新興国市場）研究家として調査・研究業務に従事。フロンティアマーケットについては、90年代初頭より研究を続ける。著書に『終身旅行者PT』（パンローリング）などがある。

## 成長する世界でお金を増やそう！

少子高齢化する日本と、成長著しい東南アジア、インド、アフリカ。

アメリカは先進国ではありますが、まだまだ人口が伸びており、ニューヨーク、サンフランシスコなどは不動産価格も上がり続けています。

日本の銀行に預けていても、金利はちっともつきませんが、海外の銀行に預けておけば、リスクはあっても、大きな金利が期待できます。

株式にしても、たとえばインドネシアの企業に投資すれば、配当は年3〜4％。しかも成長し続けています。

不動産投資も、日本は一部を除き下落する一方ですが、海外の一等地は上がり続けています。

世界が成長する中、日本だけが取り残されると、われわれの資産は目減りし、気がついたら海外のものを何も買えない状態になるリスクだってあるのです。

日本が世界一リッチで物価が高かったのは、もう昔の話。

いまや普通の日本人がニューヨークやサンフランシスコで

まともに買い物さえできないほど、海外の物価は上がっています。

海外でビジネスするのは難しくても、お金だけ投資するのは誰でもできる。

SBI証券、楽天証券などのオンライン証券を使えば、

世界中の企業に投資できる時代です。全額を投資するのは危険でも、

ほんの一部だけ、成長する国に賭けてみると面白いでしょう

(ちなみに僕の友人はインドの投資信託を買って2倍になったそうです)。

この章の執筆は、フィデリティ投信・商品マーケティング部長の太田創氏、

新興国市場研究家の木村昭二氏が担当しています。

太田氏には外貨預金の基礎知識に関して、

木村氏にはアフリカ、アジアを中心に投資の実際に関して、

説明していただきました。

土井英司

## 「円を外国のお金に交換」して資産を増やす

### 外貨預金では手数料を超える運用が絶対

海外への投資でチャレンジしやすいのは、海外の資産を投資対象にしたETFなどの投資信託、外貨預金です。投資信託については第4章で触れました。

この章では、海外に投資する方法の1つとして、外貨預金の基礎知識と注意点を説明しましょう。

**あなたのお金を、米ドルやユーロなど外国のお金に交換して預金するのが外貨預金です。**

お金を交換するときには、次の2つに基づいた手数料が発生します。

①銀行があなた（顧客）に売るレート＝円を外国のお金に交換するレート（TTS）

②銀行があなた（顧客）から買うレート＝外国のお金を円に交換するレート（TTB）

そして、各銀行が決めた為替の取引をするときに基準となるレートを仲値（TTM）といいます。TTMは毎朝の為替レートを参考に、各銀行が決定します。

ＴＴＳが1ドル＝１０１円で、ＴＴＭが１００円、ＴＴＢが99円だったとしましょう。円を売り、ドルに換金して預金します。その後、ドル預金を取り崩して、円に交換したらどうなるでしょうか。

為替レートの前提が変わらなければ、売り買い往復で計2円の手数料がかかる計算です。２円の手数料分が差し引かれて手元に戻るのは１００円。２％の手数料が発生したことになります。

**外資現金の運用ではこの2％を超える成果をあげなければ、手数料分は回収できないというわけです。**

## 取引量の少ない外貨ほど手数料がかかる

通貨の流動性が少ないものはその分、仲値とＴＴＳやＴＴＢの差も大きくなります。

**取引されない通貨の手数料は高い、というわけです。**

1米ドル＝TTS104・74～TTB102・74
1ユーロ＝TTS138・26～TTB135・26
1オーストラリアドル＝TTS99・3～TTB95・3
1英ポンド＝TTS176・08～TTB168・08

これは、ある銀行の各外貨と円のTTSとTTBを示したものです。

米ドルのTTSとTTBの開きは2円、ユーロは3円、オーストラリアドルは4円、英ポンドは8円と格差が大きくなっているのがわかるでしょう。

円・米ドルや円・ユーロなどに比べると、円・オーストラリアドルや円・ポンドの取引量は少ないです。流動性の乏しい通貨を手に入れるにはそれだけコストがかかります。

その労力が銀行の手数料として上乗せされている、と考えれば理解しやすいはずです。


**取り扱う銀行などが損をすることは、まずあり得ない仕組みになっています。**

## 金融機関はどう選ぶ？

外貨預金を始めるにあたっては、手数料と預金金利の２つをよくチェックすることが大事です。手数料が安くて、金利が高い金融機関を選ぶことが必須条件ですが、その他にも、銀行との取引内容次第で為替手数料の優遇を受けられることもあり、こうした情報のチェックは必要です。

## 海外旅行ではキャッシュを持たないほうがおトク？

現金だと為替レートはもっと不利になります。銀行などで紙幣を保管する際には保険料がかかる上、かさばるなどしてコストが高くつくからです。

海外旅行のときにはキャッシュを交換せず、クレジットカードやトラベラーズチェックなどを利用したほうが手数料は割安になります。

## 外貨預金にかかる税金は２種類

**外貨預金では為替レートの変動に伴って、預け入れた元本が目減りする可能性もあります。**

高金利のオーストラリアドルは人気の高い通貨ですが、取引量が少ないので、価格変動は激しくなることに注意が必要です。

税金でかかるのは2種類です。１つは円で預金するのと同じ**「預金利息にかかる税金」**です。受取利息に対して20・315％が課税されます。

もう１つは**「為替差益にかかる税金」**ですが、円から外貨に交換したときの為替レートが外貨から円に戻したときのレートよりも円安だった場合（差益が出た場合）、「雑所得」として確定申告する必要があります。ただし、預けたままであれば、差益に対して課税されることはありません。

## ●外貨預金は預金保険の対象外

外貨預金は預金保険の対象外であることも知っておきましょう。国内の金融機関の円預金だと、破綻して払い戻しできなくなったとしても、預金者を保護する「預金保険制度」と呼ばれる仕組みがありますが、外貨預金はその対象にはなりません。

**金融機関が破綻した際に、必ずしも全額が返済されるとは限らないのです。**

## 利回りが低くなる理由

日本の銀行にも外貨預金を取り扱うところはありますが、「そもそも日本の銀行が外貨預金のサービスを行う必要があるのかどうか」ということも気にとめておきましょう。

日本の国内で顧客からドルを預かっても、それを国内で運用の一環として貸し出せる先はないはずです。**ドル資金の需要がなければ、「わざわざ高い金利を支払って調達する必要はない」と考えるのが自然でしょう。**

米国内でのドル預金の金利に比べると、日本の銀行が手掛けているドル預金の利回りは通常低くなります。

**それは自明の理といえるでしょう。**

# 「新興国に投資」してお金を増やす

## 投資対象としては外せない存在

日本やアメリカなど、先進国経済が成熟期を迎える中で、注目されているのが新興国です。アメリカ経済の回復で一時的に新興国のパフォーマンスは落ちているようにも見受けられますが、**潜在能力の高さゆえ、投資の対象としては外せない存在になっています。**

ここでは新興国の経済の現状や投資のポイント、注意点などを中心に説明しましょう。

「ＢＲＩＣｓ（ブリックス）」。この言葉をご存じの方も多いでしょう。新興国の中でも成長が著しいブラジル、ロシア、インド、中国の頭文字を並べたものです。いまは最後のｓを小文字ではなく、大文字で表記し、「南アフリカ」を仲間に加えることもあります。

**この「ＢＲＩＣｓ」は、最近では、インドを除いて経済の減速で以前のような勢いはなくなった感はあります。**

## 注目される新興国投資「NEXT11」

では、「NEXT11（ネクストイレブン）」は聞いたことがあるでしょうか。

２００５年にアメリカの大手金融機関のゴールドマン・サックスが、BRICsほどではないにせよ、**50年後の世界経済で大きな影響力をもたらす可能性を秘めているとして挙げた11カ国を指します。**

**いわば、BRICsに次ぐ「成長予備軍」といった位置づけです。**

11カ国とは具体的に、メキシコ、ナイジェリア、韓国、ベトナム、インドネシア、バングラデシュ、パキスタン、フィリピン、トルコ、イラン、エジプトのことです。

「エボラ出血熱」の感染拡大で、ナイジェリアの景気減速が懸念されていますが、長期的に見れば依然として有望、との見方も少なくありません。

## 新興国に資金を分散させる本当の意味

50年後には中国が米国を抜き、国内総生産（ＧＤＰ）で世界トップに躍り出るのは間違いなさそうです。２位にはインドが続くと見られています。

なぜ、こうした大きな成長の可能性を秘めた地域へ資金を分散させることが、お金持ちへの道につながるのでしょうか。

## 経済成長を決める３つの要素

私（木村）が新興国投資をすすめる理由は、日本経済が今後、頭打ちの色合いを一段と濃くする可能性が高いためです。

# 投資を考える上で「人口増」のチェックは必須です。

経済成長は生産人口、資本、労働生産性の3要素によって決まると一般にいわれます。

このうち、日本では少子高齢化に伴い、生産年齢人口の減少が避けられない情勢です（わが国では「15歳以上65歳未満の人口」を「生産年齢人口」と定義しています）。

内閣府がまとめた「平成26年版高齢社会白書」によれば、生産年齢人口は２０１５年の７６８２万人が、２０３０年には６７７３万人まで減り、さらに２０６０年には４４１８万人になってしまうといいます。

**一方、世界規模では人口増が続く見込みです。**

「国連世界人口推計２０１２年版」によれば、２０１３年の世界人口は71億人あまりで、２１００年には１０８億人超に達するといいます（中位推計）。

## 人口が5倍に跳ね上がるアフリカ諸国に世界のお金が集まる

その牽引役はアフリカです。

２０１３年の約11億人から２１００年には30億人あまりが上乗せされて42億人になる見通しです。

ブルンジ、マラウイ、マリ、ニジェール、ナイジェリア、ソマリア、ウガンダ、タンザニア、ザンビア各国の人口は、２１００年までには少なくとも5倍に跳ね上がる見込みです。

アフリカの人口増に伴い、こうした地域の経済成長への期待が膨らみます。

政情不安、治安悪化に悩まされる地域や内戦の傷が癒えない国もあるのは事実ですが、かつての「暗黒大陸」の面影は薄らぎつつあるようです。

## 「世界最後の巨大市場」が世界からの直接投資を呼び込んでいます。

アフリカ以外ではインドの可能性も期待できます。中国の人口は2025年に14億人でピークといわれている一方で、インドは2028年までに中国の人口を追い抜くといわれています。

### 発展途上国の人口が世界の9割に増大

アジアも2100年までに4億人程度の人口増加が見込まれています。一方、ラテンアメリカとカリブ地域並びに北米はいずれも1億人強の増加にとどまりそうです。欧州の人口は減少が想定されています。

この結果、いわゆる発展途上国の人口の世界全体に占める割合は2013年の82・5%から2100年には88・2%まで拡大する見通しです。

### 世界で一番人口の伸び率が高くなる都市は？

世界の１０００万人以上の都市のうち、２０１１年から２０２５年にかけて人口の伸び率がもっとも高くなるのはどこでしょうか。

## それは、ナイジェリアのラゴスです。

ナイジェリアの国内総生産（ＧＤＰ）は南アフリカを上回り、いまやアフリカ第一の経済大国に躍り出ました。ラゴスには高層ビルが軒を連ねます。

**格差などの問題を抱えますが、通信技術の産業集積が形成され、世界の投資資金を引き寄せています。**映画産業も雇用創出に貢献しており、「ナリウッド」などと称されるほどです。

人口の伸び率でラゴス以下は、バングラデシュのダッカ、中国の深圳《しんせん》、パキスタンのカラチ、インドのデリーの順です。新興国の主要都市が軒並み、上位に顔を並べています。

### 投資先を選ぶには「人口推計」に着目する

ただ、一概に新興国とはいってもひと括りにはできません。日本で手に入る情報には限りが

あり、どの国に投資したらいいのかわからないという人も少なくないはずです。その点、

**国連などの人口推計はかなり確実なデータです。**

投資先選びの指針になり得ます。30年後にどのような商品がヒットするのか、あるいはどのような企業が大化けするのかを予測するのは非常に困難、むしろ不可能といっていいでしょう。

しかし、人口が増加すれば個人消費が活発になり、それに伴って経済規模が拡大するといった見極めはある程度できるはずです。

## アフリカ情報を得るなら「フィナンシャル・タイムズ」

それでも、新興国の資産に投資する場合にはマクロ統計以外の何らかの情報が欲しいと思うでしょう。そういう場合、アフリカ関連の情報が充実しているという観点から、**英国の金融経済紙「フィナンシャル・タイムズ」に目を通すことをおすすめします。**

米国の経済紙「ウォール・ストリート・ジャーナル」は最近、アジア関連の情報を充実させていますが、アフリカ関連情報に関しては偏りがある印象です。

一方、旧宗主国であるイギリスの〝老舗紙〟は、ロンドンに集まるアフリカ各国の情報を網

羅しています。それに比べると、日本のメディアは総じてアフリカ関連のニュースに弱く、私（木村）にいわせれば、残念ながら投資の情報としてはほとんど役に立ちません。

## ●ウェブ版を斜め読みするだけでもOK

最近は「フィナンシャル・タイムズ」のウェブ版も充実しています。すべてのページをチェックする必要はありません。新興国関連の情報が掲載された箇所だけに目を通せばOKです。

それとともに、マクロの統計も見ながら投資対象を絞り込みます。

個別株ならばやはり、アジアかアフリカの企業です。その他の新興国については、**インデックス連動型ETFの購入などを通じて、自らのポートフォリオに組み込むなどの対応で十分でしょう。**

## ●新興国投資は長い目で見よう

新興国への投資では、日々の値動きに一喜一憂する人がいます。それは間違いです。

**1日だけで「損した」「得した」などと騒ぐのはナンセンスというしかありません。**

## 時間軸を長めに設定しましょう。

「いまから10年後、20年後、30年後に5倍や10倍になりました」ぐらいの感覚で臨みます。新興国資産への投資というとかく、リスクの大きさばかりが強調されがちです。しかし、実際の考え方はいたってシンプルです。

**長期的な成長が見込める地域があるのならば、そこへ長期にわたって資金を振り向ける。**

これだけのこと。

成長に不安がある地域は最初から投資対象としなければいいのです。

### ●新興国の株価指数はこの30年で10倍程度

長期スタンスでの株式投資を考える場合、個別銘柄よりも株価指数の変動を見るのがわかりやすいでしょう。**モルガン・スタンレー・キャピタル・インターナショナル（ＭＳＣＩ）の株価指数がもっともポピュラーな存在です。**

ＭＳＣＩの世界先進国指数と新興国指数の推移を比較すると、１９８７年12月からの27年あまりで、前者は４・２７倍になったのに対し、後者は９・７５倍に跳ね上がっています。

同様に２００２年５月からの13年弱の期間を対象にＭＳＣＩの世界先進国、新興国、フロンティア国の各株価指数のパフォーマンスを比べると、世界先進国が１・８倍、新興国は２・８１倍、フロンティア国は２・２３倍です。

**長期的に見ると、フロンティア国や新興国に投資した場合の成績が、先進国に投資した成績を上回っていることがわかります。**

ちなみに、「フロンティア」という概念は一般的に、新興国よりも所得水準の低いアフリカ、中南米、アジアの国々を指すことが多いです。新興国に比べてさらに証券市場の整備なども遅れていいます。ＭＳＣＩのフロンティア国指数の算出対象となっている国はナイジェリア、アルゼンチン、ベトナム、スリランカなど多岐におよびます。

## ビジネスチャンスはアフリカ大陸にあり

では、長期スタンスでの投資を考えた場合、有望な地域はどこでしょうか。

## やはり、アフリカです。

アフリカ開発銀行によると、アフリカ地域の銀行口座普及率は20%。先進国の普及率は63・5%であり、その差は歴然です。アフリカ第一の経済大国、ナイジェリアでも成人の67・5%が銀行口座を保有していません。この国の人口は約1億7000万人。1億1000万人あまりが銀行口座を保有していない計算です。

## クレジットカードの保有率は5%にとどまります。

ビザやマスターカードといった世界を代表するカード会社もこの地域に積極的に進出する方針といいます。

今後、所得が増えていき銀行を利用する人が増えてくれば、金融機関のビジネスが拡大し、国内投資家層の厚みを増して、証券市場への資金流入も大いに期待できます。

アフリカのビジネスチャンスはきわめて大きいのです。それに伴って経済が活性化する可能性も限りなく広がっています。アフリカというと、資源輸出の側面ばかりがクローズアップされますが、消費市場としての潜在力に注目しましょう。

## 消費市場としてのパワーもすごい

所得水準の増加を背景に、「ボリュームゾーン」といわれる中間層の厚みが増すでしょう。現在は所得水準の低い層である「ボトム・オブ・ピラミッド（ＢＯＰ）」向けのビジネスが中心ですが、将来は「ボリュームゾーン」を対象にした新たなサービスなどが続々登場するでしょう。消費のマーケットは活気づくに違いありません。

**高齢化に直面する先進国と異なり、若年層の多さも魅力です。**

労働人口は２０４０年までに現在の２倍の11億人に達する見込みです。

アフリカ経済が飛躍を遂げれば、小売り、金融、通信、教育、医療などさまざまな分野で今後、海外からの直接投資も活発化するでしょう。成長の余地はきわめて大きいのです。

## 〝現物株〟という選択肢もアリ

新興国やフロンティア国への投資で気をつけたいのは、証券会社は投資信託などを売る場合、どうしても「旬」なものを顧客にすすめようとする傾向があるという点です。ブラジル物が人気ならばブラジル、タイが注目を集めているとタイの資産を組み入れたファンド、といった具合です。

**こうした動きに惑わされないためにはどうすればいいのでしょうか。**

皆がまだ大騒ぎしていないタイミングでその国の金融機関へ直接出向いて、株式を購入するのも1つの方法です。

何も頻繁に現地へ出向く必要はありません。〝デイトレード〟で儲けようというわけでもないのですから、**投資したら5年から10年、いや30年でも放っておけばいい**でしょう。

## ●直接投資をするための注意点

たとえば、投資有望国の１つ、ナイジェリアの場合、現地の証券会社と事前にメールをやり取りし、口座開設に必要な条件などをチェックします。パスポートは必要か、口座開設には最低限いくら必要かといったことを確認します。

その上で、必要書類を郵送して実際に口座を開設します。

ただし、**「現地へ来てくれないと口座は開けない」などといわれたら、やめておいたほうがいいでしょう。**株式の売却でお金を受け取るときにも、現地でしかもらえないといったケースが想定されるからです。

できれば、電話や郵送でなくeメールで、口座開設後に売買注文が出せるほうが望ましいでしょう。

# まずはeメールで口座を開設します。

その後はすぐに現金を振り込んだりせず、現地へ出向いて担当者の顔を確認してから入金します。

証券会社とやり取りするために英語は必要不可欠で、英語上達の近道。証券会社とのやり取りを通して英文レターの書き方やフレーズなどを学んでいきましょう。**本には載っていないことばかりですが、実践に勝るものはありません。**

### 決算書よりも株価のほうが信頼できる

個別株の投資ではリスクを避けようと事前に詳細な分析を行う投資家も少なくありませんが、新興国企業への投資では〝無駄な作業〟という面もあります。**粉飾しているケースも多く、決算書などに目を通してもあてになりません。**拠りどころにすべきはむしろ株価です。

**決算書よりも株価のほうが正しい、とここでは考えます。**

### 金融機関はその国のトップ3から

金融機関は当該国で少なくともトップ3に入るところと取引しましょう。できれば、大銀行傘下の証券会社とつき合うほうがいいでしょう。

## あとは現地に出向いたときの肌感覚が頼り。

担当者に会ってみれば、感じがいいか悪いか、信頼できそうかできないかはわかるでしょう。

私（木村）の場合、ナイジェリアでは3社程度、証券会社を訪問しました。**一番いいと思って口座を開設したのは大手銀行系の証券会社。**ケニアやカンボジアでもそうでした。

証券会社にも法人や機関投資家対象のビジネスが中心のところと、個人投資家向けのビジネスに力を入れるところがあります。機関投資家相手の取引主体の会社だと、足を運んでもぞんざいな対応を受けることになりかねません。あらかじめホームページをチェックするか、それでもわからなければメールでやり取りして確認しておきましょう。

# 投資に役立つ推理力

## 新興国への直接投資はいくらから可能か

取引には最低いくら必要なのでしょうか。あくまでも感覚に過ぎませんが、渡航費用なども含め、日本円で少なくとも３００万円程度かかることは覚悟しておきましょう。日本からお金を送る場合であれば、送金手数料も結構な額になります。

## フロンティア国指数に連動するＥＴＦもあり

「投資先の国を直接、自分の目で確かめることが大事」といっても、やはり、現地に足を運ぶのをためらう方もいるでしょう。

**何がなんでも現地に行って口座を開設するべきだとはいいません。**ＭＳＣＩのフロンティア国指数に連動するＥＴＦを買ってもいいでしょう。投信でもＥＴＦならば手数料は低めです。

個別株投資に絞るならば、海外の金融機関のホームページなどで関連するレポートをダウンロードし、それを参考に銘柄を選ぶこともできます。

いまやネット上で信じられないほどのすごい情報を手に入れることのできる時代。ナイジェリアやガーナといった国々の関連情報も容易に入手が可能です。

## セメント会社も狙い目

頭を巡らせれば、儲かりそうな企業やセクターはいくらでも思いつくはずです。

**たとえば、個人消費が厚みを増せば、食品会社のメリットは大きくなります。飲食チェーンにも追い風です。**

インフラ整備に伴う需要増の恩恵を受けそうなのはセメント会社。建設資材、住宅関連などのメリットも決して小さくないでしょう。

**そのように自分で〝推論〟を立てるのが肝心。**

ファンドを買うのもいいのですが、自分で実際に投資対象を探すこともおすすめです。

## アジアならミャンマーが有力株

私（木村）が、アフリカで面白いと見ているのはナイジェリアで、次がケニア。では、アジアではどこでしょうか。

証券市場はまだ存在していませんが、ミャンマーには注目しています。何度も足を運んでおり、解決しなければならない問題は山積していますが、愛着を感じる面もあります。

発展段階にあるのは確かで、銀行制度が未整備、口座の開設者も少ないです。銀行はまあまあともになってきたかなという程度です。ただし、預金保険制度がなく、銀行が破綻した場合には預金が保護されない可能性があります。

一方、魅力といえば、国全体の人口は増加傾向であること、商都ヤンゴンの大きな発展が望めること、さらに国土も広い上、経済発展の著しい中国、インド、インドネシア各国に周囲を囲まれているなど地理的な優位性も持ちます。東南アジア諸国連合（ASEAN）の構成国でもあります。

成田とヤンゴンを結ぶ直行便だと所要時間は約7時間、時差も2時間半で、アフリカ諸国に比べれば苦になりません。仏教国で親日家が多いこともポイントが高いでしょう。

# 第8章

## 【保険】
## ムリ・ムダのない戦略的な保険のかけ方・使い方


### 横山光昭（よこやま　みつあき）

家計再生コンサルタント
株式会社マイエフピー代表取締役社長。家計の借金・ローンを中心に、盲点を探りながら抜本的解決、確実な再生を目指す。個別の相談・指導では独自の貯金プログラムを活かし、リバウンドのない再生と飛躍を実現し、これまで8000人以上の赤字家計を再生した。独自の貯金法などを紹介した『年収200万円からの貯金生活宣言』（ディスカヴァー・トゥエンティワン）など著書も多数。全国の読者や依頼者から共感や応援の声が集まる、庶民派ファイナンシャルプランナー。

### 長谷川嘉哉（はせがわ　よしや）

医学博士、認知症専門医師
祖父が認知症になった経験から医師の道を志す。診療内容は、病気だけでなく生活、そして家族も診るライフドクター®として医療、介護、社会保障サービスから民間保険の有効利用にまで及ぶ。ファイナンシャルプランナー資格を持つ専門医として地方のクリニックでありながら、全国で10位以内に入る数（製薬メーカー調べ）の認知症患者が受診している。著書に『介護にいくらかかるのか？』（学研新書）、『公務員はなぜ認知症になりやすいのか　ボケやすい脳、ボケにくい脳』（幻冬舎新書）などがある。

### ウエスタン安藤（うえすたん　あんどう）

事業継続コンサルタント、税理士
企業継続発展のための実践会計学【会計実学】を駆使したコンサルティングでは、毎年1500万円の赤字を計上してきた企業をたった１年で優良企業化。また起業後３年間で半分が倒産するといわれる中、脱サラで起業したばかりの会社では３年で2000万円の蓄財を実現し、企業の存亡に関わる場面では、撤退のタイミングを正確に図ることで倒産の危機を免れた企業もたくさんある。バブル経済の盛衰を経験し「なぜあの企業は生き残れたのか」を徹底研究した結果、現代日本では学べない「事業継続のための会計学」の存在に気づく。その知識と技術を乞われ2006年からは某金融機関の融資審査員に就任し、貸倒率を激減させる。著書に『世界一わかりやすい会計の本』（イースト・プレス）などがある。

# 「人生で2番目に高い買い物」を賢く使う！

「人生で一番高い買い物は？」と聞かれたら、
誰でも、それは住宅だ、と即答するに違いありません。
では、2番目に高額な買い物は何でしょう。
それが生命保険です。

年間に払い込む保険料は男性で平均24万1000円、
女性で平均18万2000円(生命保険文化センター「生活保障に関する調査」。
個人年金保険の保険料を含んだ金額)。
仮に22歳で就職してから60歳で退職するまでの37年間支払うとすると、
男性で約900万円になります。
1世帯での払込金額を考えたら、
軽く1000万円を超えることになるでしょう。

しかし、これに気づいていない人は多いのです。
保険を賢く使えば、お金のない時期をうまく乗り越え、
子どもが大きくなる過程でお金の不幸を経験せずに済みます。
さらに達人になれば、節税を実現し、老後のお金も用意することができます。

本章では、第2章でもご登場いただいた
ファイナンシャルプランナーの横山光昭氏、
医療や介護の現実を知り尽くしている認知症専門医師の長谷川嘉哉氏、
税理士のウエスタン安藤氏が、
保険の基礎知識と保険業界の人が絶対いいたがらない裏ワザを披露します。
横山氏には「今のあなたに必要な保険とは」の観点から保険の選び方と見直しを、
長谷川氏には医師の観点から、医療保険・介護保険、リスクに備えた所得補償保険、
安藤氏には税制面の優遇策、
などについて説明してもらいます。

土井英司

# 保険会社によって扱う商品が大きく違う

## 漢字系とカタカナ系、ひらがな系の違いは

生命保険を選ぶ・選び直す際には、まず保険会社によって取り扱う商品が違うことを知っておきましょう。**生命保険（生保）なんてどこでも同じ――ではないのです。**

生命保険会社には「漢字系」と称されるところがあります。これは、日本生命や住友生命、明治安田生命など社名が漢字で書かれる、日本に従来からある大手の会社のことです。

これに対抗するのが「カタカナ系」や「ひらがな系」です。アフラックやプルデンシャル生命などの外資系ないし後発の生命保険会社、東京海上日動あんしん生命など損害保険（損保）会社の子会社です。

なお、生命保険会社は「人」に関係する保険を、損害保険会社は住宅や車など「モノ」に関係する保険を扱う、とごく簡単に覚えておくといいでしょう。

はっきりいえば、

# 「漢字系」の生命保険会社が扱う商品には、おすすめできないものもあります。

## 全部のせラーメンにするか？　欲しいものだけのせるか？

漢字系の生命保険会社の商品の代表例が「定期保険特約付終身保険」というもの。

これは、保障が一生継続する「終身保険」を主契約として、定期保険特約や医療特約などさまざまな特約（オプションで追加している保障）をつけることができる、いわゆるワンパック型の商品です。**更新型の場合は、10年程度ごとに保険料がアップします。**

まさに「全部のせラーメン」のような商品ですが、あなたに本当に必要でしょうか。

一方、「カタカナ系」「ひらがな系」生命保険会社には、医療保障や死亡保障だけに的を絞った商品が、**豊富にそろっています。**ライフネット生命や楽天生命など、安さを重視したネット系の生命保険会社もあります。

商品の特性を知った上で、自分に適切な保険を考えれば、自分にふさわしい会社も自然に決まるでしょう。

## 「保険ショップ」は信頼できる？

ここ数年、急成長しているのが「保険ショップ」。

来店したお客を相手に生命保険を売る仕組みですが、なかでも数多くの保険会社の商品を扱う「乗合い型ショップ」が人気を集めています。

「あなたにぴったりの保険を専門家が無料アドバイス」といったキャッチフレーズで、ショッピングセンターの中に入っている店舗を見たことがある方もいるでしょう。

品ぞろえが豊富で、各社の商品を平等に扱っている、というのが魅力だといわれます。確かに、本当にこの通りなら人気が出るのも当然です。

**しかし、保険ショップという存在を、無条件に信用するのはやめておいたほうがいいでしょう。**

## 自分たちの売りたいモノに誘導

一見、品ぞろえ豊富かもしれないし、複数の会社の商品を公平に扱っているように見えるかもしれません。保険相談も無料で丁寧に教えてくれます。

でも、それは親切心からではありません。

# 結局、自分たちの売りたいモノへ誘導しようという傾向が強いのです。

もちろん、すべての保険ショップがそういうわけではありません。しかし、上から「これを売れ」と命じられれば、それに従うのが社員として当然という面があるのも否めません。

## ウソを見抜く目を持つために

金融庁による保険代理店への規制強化の流れの中で、保険ショップは顧客に対して「なぜその商品をすすめたのか」というきちんとした理由を開示しなければならなくなりました。「最適な商品」をどのような経緯で選んだのか、これまで十分な説明をしてこなかったショップは、当然のことですが軌道修正を余儀なくされます。

だからといって、ホッとしてばかりはいられません。**店員がする説明にウソや隠し事がないか判断できなければ、結局相手の思惑通りになってしまうのです。**

だからこそ、目利き力をつけることが大切です。本章でぜひその力をつけてください。

# 今のあなたに必要な保険を見極める

## ● 医療・死亡・貯蓄の3点で保険はチェック

保険商品に関してまず知っておきたい基礎知識は、保険商品の3大要素は「医療」「死亡」「貯蓄」であることです。それぞれごくカンタンに中身を説明しましょう。

「医療」＝病気やケガで入院したときにお金を受け取ることができる

「死亡」＝死亡したときにお金を受け取ることができる

「貯蓄」＝年金や子どもの学費としてお金を受け取ることができる

いろいろな商品をそのまま比較するのは難しいですが、この3つの要素をチェックするだけでも、商品同士の違いがはっきりします。

# どれが自分に必要な保険なのかも見えてくるはずです。

## ●独身だったら医療保険だけで十分

あなたが若くて、まだ独身なら、医療保険だけで十分でしょう。家族を持ったら、万が一のときに備えて死亡保険には加入しましょう。

死亡保険は大きく「定期保険」「終身保険」「養老保険」の３つに分類できます。

**定期保険は、**保障される期間が決まっていて、その分、保険料が比較的安いもの。

**終身保険は、**保障が終身（一生涯）続くもの。ただし中途解約も可能です。

**養老保険は、**貯蓄性を備えたもの。昨今はさほど旨みがなく、あまりおすすめしません。

公的な遺族年金なども受給できるので、もしものときに家族が資金面で困ることがないよう、最低限必要な額から考えていきます。

## 生命保険料は世帯収入の約3~6%

生命保険料の家計に占める割合は、独身か、結婚しているかによって異なってきます。独身であれば、基本的には医療保険だけの加入で十分なので、多くても月収の3%以内にとどめるのがいいでしょう（生命保険文化センターのデータより算出）。**月収が30万円であれば、毎月の保険料支払いは9000円程度となります。**あるいは9000円も必要ないかもしれません。

あなたが入っている保険に、死亡保障など〝いらないもの〟が含まれていないか見直してみましょう。医療保険であれば毎月の支払いが2000~3000円前後の商品もあります。30~40代の既婚者で子どものいる家庭であれば、死亡保険もあるので倍の6%ぐらいを目安にするといいでしょう。当然、死亡保障は〝必要なもの〟になります。**月収30万円の場合、毎月の支払い保険料は1万8000円程度になる計算です。**

## 50歳過ぎたら倍払いの可能性も

医療保険などは20代なら月2000~3000円程度の保険料支払いで済みますが、**病気にかかりやすくなる50歳になると倍ぐらいにハネ上がってしまいます。**

仮に50歳で加入して80歳までの30年にわたって支払い続けるとすれば、20歳から始めて80歳までの60年間支払い続けるよりも、総支払い額が多くなってしまう可能性があります。

たとえば、とある外資系の保険会社の商品で試算すると、20歳の男性が入院１日当たりにつき１万円を受け取ることのできる医療保険に加入すると、毎月の支払いは約２０００円。20～80歳の合計の支払額は１４４万円程です。一方、同じ保険に50歳で加入した場合、毎月の支払額は約５０００円。50～80歳の合計の支払額は１８０万円程となります。

## お金はなくても健康のあるうちに入るのが鉄則

生命保険は、将来のリスクにどう対応するかという観点から加入するものです。

今は健康でも年をとっていくうちに、生活習慣病などの疾病を発症するかもしれません。そうなると、保険に加入したくてもできないケースだって出てきます。

**入りたいときに入ることができない可能性も、保険の大きなリスクです。**

それに、前述したように、生命保険は若いうちから入っておいたほうが節約につながることが少なくありません。保険料が契約時から生涯変わらない終身型の商品なら、総支払い額も簡単に比較できるので確認しておきましょう。

## ●「収入保障保険」でリスクを回避する

リスク回避という観点でおすすめしたいのが、「収入保障保険」です。

これは、被保険者（保障の対象となる人）が死亡すると、**保険期間中は一定の保険金が毎月支払われるという保険です。一家の大黒柱である父親が亡くなった場合、遺された妻や子どもは、給料のように毎月決まった金額を保険で受け取ることができるのです。**決まっているのは月々の保険金額で、受け取れる総額は残っている保険期間の長さで変わります。

1カ月あたりの1世帯の消費支出は約30万円というデータもあります（総務省「家計調査年報」より）。仮に遺族年金が10万〜15万円支給されても、30万円には全然足りません。

こんなとき、収入保障保険であれば家計の強い味方になってくれます。残り保険期間が短ければ受取総額は支払総額を下回ることもありますが、その頃にはもう子どもだって大きくなっているでしょう。オリックス生命、チューリッヒ生命、アクサダイレクト生命、アフラックなどいろいろな会社で取り扱いがあります。

あなたが小さい子どもを持つなら、一度は検討してみてほしいと思います。

### 貯蓄型保険はムダのかたまり

多くの方を見て思うのですが、皆さん、貯蓄型の商品を好む傾向があります。

でも、貯蓄型は意外に無駄が多く、実のところ、いわゆる、

## 「掛け捨て型」のほうが、コストパフォーマンスは高くなります。

貯蓄型の商品には保険金支払いが運用次第、という側面があるのを見逃してはなりません。

つまり、運用次第で支払われるお金が、多くもなれば少なくもなるということです。

現在、生命保険会社の運用は、ハイリターンが期待できるリスク資産を圧縮する方向にあります。ハイリスクな運用が避けられる代わりにハイリターンも見込めません。ノーリスクな国債の保有が圧倒的に多いのです。実はここに無駄が生まれる理由があります。

### ●「学資保険」でリスクを回避する

ただ、貯蓄型の商品がすべて「意味がない」というわけではありません。

# たとえば、学資保険。

この保険は保険料を払うことで、高校進学や大学進学のように一度に多額のお金が必要になるタイミングに合わせて、資金を確実に受け取れるメリットがあります。

商品によっては元本割れ、つまり、支払う保険料のほうが受け取る給付金を上回るリスクはありますが、**それでも「確実に教育費を貯める仕組み」として利用している人もいます。**

ほかで運用できないから学資保険にお金を回しているという人もいます。それはそれでＯＫなのです。学資保険は貯蓄型商品ですが、加入している親の視点に立てば「学費」というリスクを回避するためのものだからです。

個人年金型の商品も貯蓄型保険の１つです。いずれ「加入していてよかった」と思うのは間違いありませんが、絶対に入らなければいけないものではありません。

**「月々の保険料支出にまだ余裕があれば」というスタンスで加入すればいいでしょう。**

# 医師が教える介護保険と医療保険の活用術

## 「有料老人ホーム」は月額40万円

親の介護は切実な問題です。夫婦ともひとりっ子ならお互いの両親４人分の介護を考えなくてはならないのです。ここでは、切実なリスクに対応するための、介護保険と医療保険の活用術を医師の立場から私（長谷川）が説明します。

まずは基本的な知識ですが、主な介護施設には「有料老人ホーム」と「特別養護老人ホーム（特養）」があります。

**「有料老人ホーム」は主に民間企業によって運営される私的なもの、「特養」は主に地方自治体や社会福祉法人によって運営される公的なものです。**

東京の場合、食事などのサービスを受けることができる「住宅型有料老人ホーム」ですと、月額利用料は40万円程度かかることもあります。

## 「特別養護老人ホーム」なら月額15万円

一方、「特別養護老人ホーム（特養）」であれば、月15万円程度の負担で済みます。**年金額が月10万円弱で入居することも可能です。**ただし、入居するためには65歳以上で常に介護が必要な状態であることといった条件があります。

「介護老人保健施設（老健）」も月々の利用料は安いです。特養と同様、65歳以上が入居要件ですが、こちらは帰宅を目標にリハビリテーションを行う施設という点で大きく違います。

## 「世帯分離」で介護費用が削減できる

家計にずっしり負担がかかる介護費用の節約の〝裏ワザ〟ともいえるのが「世帯分離」です。**世帯分離とは、同じ住所で暮らす家族が世帯を分けて住民登録することです。**

たとえば、あなたが親と同居しているなら、あなたの親世帯と、あなた家族の世帯を分けて住民登録をします。これは市役所や区役所に届け出るだけで簡単にできます。

# なぜこれが〝裏ワザ〟となるのか。

## 高額介護サービスの自己負担限度額

| 設定区分 | 対象者 | 上限額世帯 |
|---|---|---|
| 第1段階 | 生活保護を受給している人 | 15,000円 |
| | 世帯全員が市町村民税非課税で、老齢福祉年金を受給している人 | |
| 第2段階 | 世帯全員が市町村民税非課税で、本人の公的年金収入額＋合計所得金額が80万円以下の人 | 24,600円 |
| 第3段階 | 世帯全員が市町村民税非課税で、本人の公的年金収入額＋合計所得金額が80万円超の人 | 24,600円 |
| 第4段階 | 市区町村民税課税世帯 | 37,200円 |

※厚生労働省のHPより
※別途、個人単位の負担限度額があります

高額介護サービス費の自己負担限度額は、所得に応じて４段階に分かれています。

**介護施設へ入所しているあなたの親の収入が国民年金に限られていると、住民税は非課税で、自己負担額も最低額の第２段階です。**

しかし、仮にあなたやあなたの配偶者、あるいは一緒に住んでいる子どもに住民税が課税されるだけの収入があると、介護サービスの自己負担額が最高額の第４段階になります。

このため、介護施設への入所者（あなたの親）と住民税が課税される同居家族（あなた家族）を２つの世帯に分ければ、自己負担額は安い第２段階に抑えることが可能というわけです。

### 年金で足りない分は保険で補てんする

国民年金で支給される年金額は、最高で

5万5000円ないし6万円です。

しかし、これでは月40万円もかかるような施設への入所は難しいのです。

**介護だけは必要額が半端ではないくらい大きいからです。**

前期高齢者にあたる65歳から74歳までの介護認定率は4%。これに対して、75歳を過ぎて後期高齢者の年代に突入したとたん、認定率は29%へはね上がります。

# 75歳を過ぎた高齢者の、3人に1人は介護が必要な人。

だからこそ、国民年金で足りない分を補てんできるような保険が大事になります。

おすすめは「終身介護保険」です。民間保険会社版の「介護保険」というイメージです。

## ●40歳を超えると国の介護保険に強制加入

「終身介護保険」の話をする前に、厚生労働省の管轄である公的な介護保険について説明しましょう。これは、40歳以上の人が強制的に加入させられるもので、1割の自己負担でさまざまな介護保険サービスを受けることができます。毎月の給与明細を見ても、40歳以上の人は「介護保険」の保険料が引かれているのがわかるでしょう。

サービスを受けられる対象者は65歳以上ですが、**40歳から64歳でも特定の病気によって要介護・要支援などと認められた場合にはサービスを受けることが可能です。**

## 要介護度によって受けられるサービスが異なる

**「要介護度」は7段階に分けられています。**比較的軽い「要支援」が1と2の2段階あり、「要介護」が1～5の5段階となっています。もっとも重い、つまり、全面的な介助を必要とする要介護度が「要介護5」。対象者の要介護度によってサービスの内容は異なります。

## 民間の終身介護保険とは

民間の「終身介護保険」のうち、ソニー生命、プルデンシャル生命、東京海上日動あんしん生命などが扱う商品では**「要介護2以上」に認定されると、介護保障が支払われます。**保険金を一時金ではなく、年金として受け取ることも可能です。

ただし、なかには「要介護3以上」でないと、保障を受けられない商品を取り扱う保険会社がありますので、加入前にしっかり確認してください。

## ●保険は「要介護2」の商品を選ぶこと

実は、介護保険を申請する側の感覚では、**要介護2と3の間には越えがたい「壁」がありま
す。**

要介護度は「身体介護がどれくらい必要か」と「認知症の症状がどの程度進行しているか」の2点が認定の大まかな基準です。少し乱暴ないい方をすれば、認知症が進行している高齢者でも、体が元気で歩くことができれば「要介護3」には認定されないケースが多いのです。それだけに**家族からすれば「要介護2」でサービスが受けられる商品はとても助かるものです。**

逆に「要介護3以上」でないとサービスを受けられない商品は「役に立たない」ものです。

**加入してはいけない、と医師の立場からは考えます。**

## ●終身介護保険でリタイア後の安心を獲得する

**終身介護保険は、実は貯蓄性も兼ね備えた商品です。**

保障がつくにもかかわらず、10年前後積み立てておけば80％、30年積み立てると95％が解約返戻金《へんれいきん》として戻る仕組みです。

この保険を活用する際には、保険料の払い込みが終わる時期をリタイアのタイミングに合わせておくのがいいでしょう。毎月の支払額を少なくしようとして、払い込みと保障期間を同じにしてしまう人がいますが、リタイア後の保険料の負担が重くなります。

**できれば、65歳前後で払い込みを済ませ、その後は終身で保障が続くという形にしたいものです。**

## 「定期保険」は一定期間、「終身保険」は一生涯

先に説明もありましたが、意外と理解されていないのが、「定期保険」と「終身保険」の違いです。

「定期保険」は、一定期間だけ保障が欲しい場合に選択する商品です。これに対して、「終身保険」は、保障が一生涯続くタイプの保険です。

この2つの最大の違いは、

**定期保険は掛け捨てだから保険料が安い。終身保険は確実にもらえる保険金額が確定しているから保険料が高い。**

というところにあります。

## 死亡保障は寝たきり要介護でももらえる

死亡保険は、終身常に介護を要するような高度障害状態になったときも受け取ることができます。生命保険会社も請求にすんなりと応じるケースが大半です。

しかし、いわゆる現役世代への高度障害に対する保険金支払いには基準があります。

たとえば、手足すべてがマヒした「四肢マヒ」は対象ですが、右半身だけが動かないといった「片マヒ」の状態は対象外となります。私（長谷川）が見る限り、このことを知らない保険営業マンが意外といるため、**対象であっても申請すらされていないケースがあるのです。**

ただし、片マヒでも「失語症」に陥ると、高度障害に認定されるケースが多くなります。胃壁と腹壁に穴を開けてチューブを取りつけることで栄養を摂る「胃瘻《いろう》」も認定の対象になり得ます。保険契約の際は、この点もチェックが必要です。

**高度障害と認定されれば多額の生命保険が給付されるだけでなく、住宅ローンの返済義務なども免除される可能性が高くなります。**

## ●医療保険から無駄を省こう

若くて独身なら「医療保険」だけで十分だと前述しましたが、さまざまな保険商品のうち、無駄を省きやすいのも実はこの医療保険なのです。

病院経営を効率化する観点から長期の入院がなくなろうとしている時代です。治る病気やケガなら長く入院してもせいぜい１カ月半が限度でしょう。**１回の入院の支払い限度日数を短縮すれば、毎月の保険料負担も軽減できます。**

さらに、サラリーマンであれば、有給休暇や傷病手当、高額医療制度などを活用する手もあります。

## 所得補償保険なら退院後の自宅療養中も支払いの対象に

「所得補償保険」という選択肢も考えられます。

これは、**病気やケガで仕事ができなくなった場合の収入減を補う保険です。**医療保険だと入院していなければ給付金が支払われませんが、**所得補償であれば、自宅療養でも支払いの対象になります。**実際、退院しても翌日からすぐに職場へ復帰するというわけにはいかないでしょう。自宅療養やリハビリテーションにかかる時間もあります。

**それだけに、頼りになる保険といえるでしょう。**

## 所得補償保険があなたの生活を守る

所得補償は、時に、がんや脳血管障害などを患った人には強い味方です（保険金の請求には医師の診断書が必要です）。

たとえば、働き盛りの30代が、がんや脳血管障害などになるリスクはかなり低いですが、ゼロではありません。

# 発症したら生活は一変します。

自宅療養を余儀なくされたら、それこそ大ピンチ。そうした不安を取り除く意味でも、「所得補償保険はかなりいい保険である」と私（長谷川）は考えています。

「所得補償保険なんて保険屋さんから聞いたことがないよ」という人は多いでしょう。所得補償は生命保険会社でなく、損害保険会社の取り扱う商品なのです。だから、生命保険の担当者はこの保険の話などしないのです。

## ●自営業者こそ所得補償を

脳血管障害による休職の期間はだいたい1年半ですが、**所得補償は最長、60歳、65歳まで補償期間を設けるものもあります。**会社勤めの人は病気やケガで4日以上仕事に就くことができないと、健康保険から傷病手当が支給されます。支払い期間は最大で1年半ありますが、これは1日につき標準報酬の3分の2に相当する額にとどまります。所得補償がないと結構きついです。

もしも、病気やケガから1年半が経過してもまだ障害の状態が続いていれば、障害年金が支給されます。**これは、65歳未満の人が病気やケガで障害を負ったときに受け取れる年金です。**

# 知っている人だけがトクをする保険の裏ワザ

## 保険代理店を介在させるメリット

あなたが保険に加入する際、保険代理店に相談するのも1つの手です。

いまはゆるやかになってきている部分もありますが、私（長谷川）が見る限り、医師の診断書に疑問をはさみ、なかなか素直に保険料を支払おうとしない会社もありました。

これに対して、保険に加入しているほうは、その分野のアマチュアで、保険会社からお金を引き出すだけの知識も技術もありません。だからこそ、そこに保険代理店を介在させる意味が生まれてきます。

## 保険でも「あいみつ」をとろう

代理店を入れる際にアドバイスしたい点があります。日本には「相見積もり」、いわゆる「あいみつ」という習慣がありますが、保険に関してだけはなぜか「あいみつ」を取る人が少

## 会社によって保険料は異なる！

年齢40歳　性別:男性　保険金額:5000万円　10年定期保険

| 保険会社名 | リスク細分 | 年払い保険 | 累計保険額 |
|---|---|---|---|
| A社 | 非喫煙優良体 | 19万700円 | 190万7000円 |
| B社 | リスク細分なし | 45万800円 | 450万8000円 |

※リスク細分とは「保険金の支払いが発生する確率が低い人には保険料を安く、支払う確率が高い人には保険料を高くする」という考え方

**ないのです。**

死亡保障が５０００万円の定期保険に40歳で加入する場合、どこの保険会社も保険料が同じだと考えていませんか。実は、毎月の保険料の高いところと低いところを比べると実に２・５倍の差があるのです。

**また、生命保険会社によって得手不得手の分野もあります。**

そうしたことも念頭に置きながら、まずは自分が入りたい種類の商品について複数の保険会社から「あいみつ」を取ってみましょう。

**「人生２番目に高い買い物」をしているのだということをくれぐれも忘れないようにしてください。**

## ●「障害者控除」の申告漏れに要注意

確定申告における申告漏れにも要注意です。申告漏れで多いのが「障害者控除」です。これは、納税者本人や配偶者、扶養家族に障害者がいる場合に、所得控除される仕組みです。

申告漏れが多い理由の1つは、障害者控除の仕組みがあまり知られていないためでしょう。

障害者控除の対象になるのは一般障害者と特別障害者です。

国税庁のホームページで見ると、障害者控除と介護認定には直接的な関係はありません。

しかし、医療の現場にいる私の体験でいえば、「要支援から要介護2までの方」は障害者控除を、「要介護3からの方」は特別障害者の控除が受けられる自治体もあります。この控除を受けるには、市区町村に「障害者控除対象者認定書交付願」を提出することが必要になってきます。

一般障害者だと所得税の控除額が年27万円。特別障害者では40万円です。

# 障害者控除は最大5年までさかのぼって申請できます。

市区町村の窓口へ行けば書類があり、確定申告時に介護度認定の証明書などを添付して提出するだけで済みます。もし、現在、障害者控除を検討しているならば、早急に過去にさかのぼって申請しましょう。

なお、**無条件で過去5年までさかのぼれるのは、過去5年内に一度も確定申告書を提出していない場合に限られます。**確定申告書を提出しているケースで過去5年間さかのぼれるのは平成23年分以降に限ります。

## ●個人事業主なら絶対おトクな「小規模企業共済」

最後に、保険の裏ワザとして強くおすすめしたいのが「小規模企業共済」への加入です。この共済は小規模事業者の退職金のために国が作った制度です。

**個人事業主もしくは経営者であることが加入の条件ですが、大変におトクな制度といえます。**

月の掛け金は最低5000円からで最大7万円です。年額84万円が全額所得控除の対象となるというメリットがあります。**お金をあたかも貯金のごとく支払った上に、税金では損金扱いできるようなものです。**しかも、掛け金は積み立てた額に1%台の利息が乗って共済金として戻ってきます。夫婦ならば、年間168万円まで掛け金を支払うことが可能です。

## 税制面での優遇も!

**小規模企業共済は将来、退職金として受け取るときのメリットがきわめて大きいものです。**

日本の所得税法はその源泉に応じて所得を10種類に分類します。事業で稼ぐのが事業所得。給与で稼ぐのが給与所得。不動産賃貸で得られるのは不動産所得。売買に伴うものは譲渡所得。利子は利子所得といった具合です。この共済への加入者がもらう退職金は退職所得。

実は10種類のうち、税制面でもっとも優遇されているのがこの退職所得なのです。

**大まかにいうと年間40万円までは経費扱い。「40万円×勤続年数」が経費になります。**

# 20年勤めれば800万円。

800万円までは退職金を受け取っても一切、税金がかからないというわけです。

家族経営で本人と配偶者に給料を払っているようなケースでは、2人分が使えます。2人とも勤続20年ならば、1600万円が経費として認められます。

# 第9章

【相続】

# お金に振り回されない相続

ウエスタン安藤（うえすたん　あんどう）

事業継続コンサルタント、税理士

企業継続発展のための実践会計学【会計実学】を駆使したコンサルティングでは、毎年1500万円の赤字を計上してきた企業をたった1年で優良企業化。また起業後3年間で半分が倒産するといわれる中、脱サラで起業したばかりの会社では3年で2000万円の蓄財を実現し、企業の存亡に関わる場面では、撤退のタイミングを正確に図ることで倒産の危機を免れた企業もたくさんある。バブル経済の盛衰を経験し「なぜあの企業は生き残れたのか」を徹底研究した結果、現代日本では学べない「事業継続のための会計学」の存在に気づく。その知識と技術を乞われ2006年からは某金融機関の融資審査員に就任し、貸倒率を激減させる。著書に『世界一わかりやすい会計の本』（イースト・プレス）などがある。

# 悪魔のテクニックと最大の相続対策！

「金持ち3代続かず」。昔からよくいわれる格言ですが、
これは、「しっかりしないと貧乏になるよ」という心構えの問題ではなく、
日本の税制の問題です。
日本の相続税は、配偶者（奥さん）に優しく、子どもに厳しい。
配偶者に対してはほとんど課税されないものが、
子どもの代になって急に課税されるのが特徴です。
遺された子どもが複数の場合、
遺産を争っていわゆる「争続」が発生することもあります。

さらに2015年1月の相続税改正で、
これまで相続税に関係なかった少額の遺産に対しても、
相続税がかけられることになりました。

これにより、相続税の対象者が1・5~2倍に増えるというから、
あなたにとっても相続税は他人事ではありません。

本当に社会のためを思うなら、お金は貯め込むのではなく「回す」。
「消費ではなく投資」は、資産を増やす段階では美徳ですが、
金額が多い場合は、きちんと消費にも回して、
社会全体を潤すことを考えたいものです。

この章では、
「最大の相続対策は、自分の代で使い切ること」と喝破する、
税理士のウエスタン安藤氏に、
相続税を安くする悪魔のテクニックを伝授していただきます。
遺す側、遺される側、双方にとって役に立つ情報が詰まっています。どうぞお楽しみに!

土井英司

# あなたにも必ず関係する相続税の基礎知識

## ●相続税なんて関係ないと思っていても

２０１５年１月１日に相続税が改正されました。改正前には遺産相続で相続税を支払っているのは全体の４％程度だとされていましたが、改正後はこれが１・５～２倍に増えるといわれています。

相続税増税に伴い、あなたにも相続税が降ってくる可能性があるのです。

これまで相続に関して考えたり、計算してみたりしたことはありますか。

**あなたは自分の親がどのぐらい財産を持っているか知っていますか？**

## 基礎控除の額がグンと減った結果……

そもそも相続税とは、亡くなった人が遺した財産に対してかかる税金です。財産を遺して亡くなった人が「被相続人」、遺された財産を相続する人が「相続人」です。

**相続税は遺された財産すべてにかかるわけではなく、「ここまでに関しては、税金を払わなくていいですよ」という部分が決まっています。**これを「基礎控除」といいます。

相続税の改正後の基礎控除額は、「３０００万円＋６００万円×法定相続人の数」です。相続する権利がある人（法定相続人）が２人であれば、「３０００万円＋６００万円×２人」イコール４２００万円の控除額になります。

実は、相続税改正前だと、この場合の基礎控除の額は７０００万円もあったのです。２０１５年１月から基礎控除が４割縮小し、結果として相続税がかかる人が増えていくというわけです。

## ２億円超なら税率アップ

相続税は財産が多いほど税率もアップする「累進課税《るいしん》」方式です。

**現在、基礎控除を超える部分に関してかかる税率は10～55％となっています。**

実は、2015年1月の改正で、この税率の引き上げも行われました（ただし、税率がアップしたのは法定相続分に基づく取得金額が2億円超の人が対象です）。

たとえば、2億円超〜3億円以下だと、税率が40％から45％になりました。

最高税率は改正前の50％から55％へ引き上げられています。法定相続分に基づく取得金額が6億円超だと、税率は55％になるというわけで、お金持ちには厳しい税制改正といえるでしょう。

「億」と聞くと引く人もいるかもしれませんが、あなたの親が都内の一戸建てやビルを持っているなら、他人事ではない話です。

### 配偶者であれば大幅な特典が

## 相続には大きな控除や特典があります。

その1つが「配偶者の税額軽減」です。

夫が死亡し妻に財産が移転したら基本的には税金は課さない、というのが相続税法の考え方です。これは近い将来にもう一度、相続が発生する、つまり妻の死亡に伴う「二次相続」を前提にしているからです。

**配偶者の税額軽減は婚姻の届け出さえしていれば適用されます。**それがたとえ、1日であってもかまいません。ただし、あくまで婚姻が届けられているかどうかが基準です。内縁関係や愛人は含まれません。

## 事実婚では認められないのです。

配偶者の税額軽減では配偶者の相続財産の額が1億6000万円か、配偶者の法定相続分のいずれか高いほうまでが非課税になります。

**この配偶者の税額軽減を受けようと思えば、「相続税の申告書の提出」と「遺産分割の完了」の2つを満たさなければなりませんので、注意してください。**

配偶者の法定相続分は遺産の2分の1。亡くなった人の遺産の総額が10億円ならば、配偶者の法定相続分は5億円になります。法定相続分が5億円だとこの5億円までが非課税というわけです。2分の1という法定相続分を超えて相続することになったとしても、1億6000万円までは税金がかかりません。

## ●贈与税でも配偶者には2110万円の非課税枠が

贈与税にも配偶者控除という枠組みがあります。夫から妻、または妻から夫への生前贈与に対する非課税枠は2000万円です。通常の贈与の年間基礎控除額は110万円ですから、これも同時に適用されるため、**この特例を使うと2110万円まで非課税にすることができます。**

ただし、これには条件があります。

**婚姻期間が入籍後、20年以上であることです。**

あなたが結婚して20年以上経っていなければ、この配偶者控除は使えないというわけです。配偶者の税額軽減と同様に「事実婚」は対象外です。また同じ配偶者に対して生涯に一度しか使うことができません。

## ●「家なき子」ならば相続税は安くなる

相続税のもう1つの大きな控除が、「小規模宅地等の特例」です。

これは、亡くなった人が住んでいた自宅や、会社の敷地（①特定居住用宅地等、②特定事業

**用宅地等、③特定同族会社事業用宅地等、④貸付事業用宅地等）などについて大幅な減額を認めたものです。**

そのまま相続税を課すと、相続税を納付するために自宅を売却しなければならなくなるなど、**暮らすことや事業を継続することができなくなってしまうおそれがあるからです。**

特定居住用宅地等であれば、３３０㎡まで80％が減額されます。

たとえば、あなたのお母さんが自宅に一人暮らしをしているとしましょう。

夫（あなたのお父さん）はすでに亡くなっています。子どもはあなたを含めて２人（仮にあなたと弟とします）。でも、あなたも弟もすでに家を巣立って働いており、しかもどちらにも持ち家がないと仮定します。

一人暮らしのあなたのお母さんが亡くなった場合、本来ならばあなたと弟に多額の相続税負担が生じます。では、この家にあなたか弟か、いずれかが戻ってきて母親の死亡後にその家に住み始めたらどうなるでしょうか。

## そのとき土地の評価額は80％減となります。

これが「小規模宅地等の特例」です。

これを土地の価額から差し引いて、相続税の計算上の課税価額をはじき出すわけです。

## ●大切なのは事実関係

実際に、こうした形で子どもが小規模宅地等の特例を使う際には、「相続開始前3年以内に日本国内にある自己または自己の配偶者の所有する家屋に居住したことがない」という条件をクリアする必要があります。

**つまり、親の死亡以前3年の間に自分または配偶者の持ち家に住んでいたら資格がないということです。**

「住民票を移しておけばOKでは」と思う方がいるかもしれません。しかし、住民票を移すだけでは住んでいることにはなりません。

**大切なのは事実関係であり、形式ではないからです。**

税務当局が調査する際に、その地区の民生委員に居住の有無を確認したということもあるようですから、十分注意が必要です。

また、生前から同居していた場合でも、相続後すぐに賃貸に回すことなどは考えないほうがいいでしょう。税法上の規定はありませんが、短期間で貸したりすると、「もともと住むつもりはなかったのではないか」と税務当局から判断される可能性があります。

## 被相続人の死亡保険にはこんな控除が

**相続人が受け取った死亡保険金も法定相続人１人あたり５００万円までが非課税となります。**具体的な数字で計算してみましょう。

あなたのお父さんが亡くなり、６０００万円の死亡保険金が遺されました。これを、妻（あなたのお母さん）と２人の子ども（あなたと弟）が相続したらどうなるでしょうか。

法定相続人は３人ですから、５００万円×３人＝１５００万円が非課税となります。

結果として、６０００万円－１５００万円＝４５００万円が課税対象となります。

これに対して、基礎控除の額は３０００万円＋６００万円×３人＝４８００万円です。

**相続する財産が死亡保険金だけであれば、１人２０００万円受け取っても税金を払う必要がありません。**もし、これが現金で６０００万円の相続であれば、１２００万円は課税対象となるのです。

# 相続税を安くするための上級テクニック

## ●相続税節税のためには不動産で残す？　それとも現金で？

相続税に関する節税について考える際、不動産で残すのか、それとも現金にしておくべきなのか、というのは悩ましい問題に違いありません。

**絶対にこちらという答えはありません。**

この判断は、「目先の相続税額を減らしたいのか」、あるいは「将来の生活まで考えるのか」という目的によって異なってくるのです。

たとえば、**相続税額をとにかく減らしたいというのであれば、生前に相続人に生命保険をかけるという方法があります。**つまり、あなたの親（被相続人）が、親自身のお金で、あなた（相続人）に生命保険をかける、ということです。

# 相続税を節税するための考え方の基本は「評価額を下げる」ことです。

現金1億円は相続税法上の評価額も1億円ですが、この1億円で生命保険に加入すると、評価額が数千万円に減少する場合があります。これは相続税法上、生命保険金の評価は解約返戻《へんれい》金《きん》の額で考えることになっているからです。生命保険の種類にもよりますが、将来1億円以上になって戻ってくるものもたくさんあります。

## ● 基礎控除を増やす悪魔のテクニック

基礎控除は「3000万円＋600万円×法定相続人の数」で決まります。ということは、**法定相続人を増やせば基礎控除や死亡保険金の非課税額が増えることになります。**

相続税法には法定相続人の説明として次のような文章がつけ加えられています。

「法定相続人の数に含める被相続人の養子の数は、実子がいない場合には2人まで、実子がいる場合には1人までとする」――つまり、「自分の子どもがいる場合は1人、いない場合は2人」まで養子による法定相続人の増加が認められています。

## 養子にする者には制限はありません。

孫、甥、姪など誰でもＯＫ。もちろん他人でも大丈夫です。

### ●モノだけの相続はトラブルのもと

長男が住居を相続し、次男が現預金を相続するというケースがよく見られますが、このようにモノだけを相続した場合、相続税を納付する資金が不足する原因になります。

現金での一括納付が難しい場合には、相続税を分割して支払う「延納《えんのう》」という制度が認められています。

しかし、これは金利の高い住宅ローンを抱えるようなことで、せっかく相続したにも関わらず生活レベルを落とさなければならなくなります。

特に困るのが骨董品の類です。本人は好きで蒐集《しゅうしゅう》するのでしょうが、

## 相続人に興味がなければ悲惨です。

すぐに換金できればいいですが、鑑定時価が高い割に換金できないようなものにも容赦なく**相続税はかかります。**

## 不動産は絶対に共有の名義にするな

「私が死んだらあらゆる財産を兄弟2人で均等に分けなさい」

こんな遺言を残して親が亡くなるケースを見かけます。残された子どもたちは親の遺言の通りにすべての財産を均等に分けて、結果、不幸になってしまいます。

まだ、兄弟がお互いに収入があるうちはいいでしょう。でも、数年経ってどちらかの生活が苦しくなったらどうでしょう。

**お金を工面しなければならない状況に追い込まれて、「この家を売りたいのだけれど……」などと口にしたとたんに、仲のよかった兄弟関係が崩壊するのです。**

こんな話は別に珍しいことではありません。あなたにとっても他人事ではないのです。

## 子どもに遺すお金より、自分の老後が大切

マンションを建てるにはお金が足りないので、とりあえず駐車場にして土地を遺そう、などという人もいます。**そもそも何かを遺そうなどという考えがトラブルのもとです。**

## 自分で稼いだおカネや財産は、自分の世代で使い切ってしまってください。

最近のお年寄りには「子どもにお金を遺してやりたい」と思うあまり、幸せそうに見えない老後を送っている人が少なくありません。傍から見ていると「お金を使い切るのが前提であれば、もっと楽しい老後が過ごせるはずなのに……」と考えてしまいます。

### ● 相続税を減らしたいか、相続として何かを受け取りたいか

実際に相続を受ける側の人も、「相続税を減らすのか」それとも「相続として何かを受け取るのか」、いずれかに専念したほうがいいでしょう。

あなたの実家にビルがあるとしましょう。このビルが欲しいのであれば、どうやってそのビルをすべて自分のものにすることができるか、ということだけを考えるべきです。どうすれば税金が安くなるかということはまた別の話と割り切りましょう。

### ● 遺言書は公証役場で作成するほうが安心

遺言書には大きく、自筆証書遺言、秘密証書遺言、そして公正証書遺言があります。自筆証書遺言は個人で作成したものです。秘密証書遺言と公正証書遺言は公証役場に足を運び、有料で公証人に作成してもらうものです。**自筆証書遺言と秘密証書遺言は原本が1通しかないため、紛失などのおそれがあります。なるべく公正証書遺言にしたほうがいいでしょう。**

## 遺言執行人を指定するメリット

公正証書遺言には「遺言執行人」の名前を記載する欄があります。この執行人は必ず指定するようにしましょう。必ずしも選ばなくてもいい存在ですが、いれば相続の手続きがスムーズに運ぶことは間違いありません。**遺言執行人には遺言の執行に欠かせないすべての行為をする権利があるからです。**

## 遺言執行人は誰でもなれる

最近は弁護士や司法書士が遺言書作成のビジネスに積極的に取り組んでいます。彼らにとって遺言書作成は〝フロントエンド〟の商品です。遺言執行人になることで、相続業務にまつわる報酬が手に入るためです。

ただ、遺言執行人になるのに別に資格はいりません。未成年者や破産者以外、誰でもなることができます。相続人でも可能です。

## 遺言執行人は司法書士がベスト

遺言執行人には司法書士を選任するといいことがあります。

たとえば、「ある不動産やビルを長男に遺す」と記されていれば、他の相続人が反対してもそれを無視し、長男の名前で登記することができます。もちろん個人でもできますが、不動産の登記はかなりハードルが高いですので、専門家に任せたほうがいいでしょう。また、一般的に弁護士よりも司法書士のほうが報酬が低いというのも事実です。

注意すべき点は、資格のない第三者を選任するのはやめましょう、ということです。**行政書士や税理士を遺言執行人に選任しても、不動産登記や法廷での代理はできません。**

## 絶対避けたい遺言執行人

遺言執行人は誰でもなれるといいました。そこでこれをビジネスにしている人たちがいます。信託銀行を中心とした金融機関です。

**私の経験上最悪だったのは、預金の名義変更が中心となる遺言執行に500万円の執行手数**

**料を請求されたケースです。**

被相続人であるＡさんは、信託銀行の相続対策セミナーに参加し、遺言書の重要性を知りました。そこで信託銀行に依頼して遺言書を作成するまではよかったのですが、おそらくは促されるままに遺言執行人にその信託銀行を指名したのです。さらにその遺言書には信託報酬として相続財産総額の５％と書かれていました。

**Ａさんからすれば、いますぐ自分が支払うわけではないし、総額の５％だからたいしたことはないだろうと思ったのかもしれません。**

Ａさんのお葬式がしめやかに行われ、49日法要も終わったある日、信託銀行から相続人宛てに手紙が届きました。

「Ａさんの遺言書を保管しております。弊行が遺言執行人として指名されておりますので執行手続きに入りたく思います。概算による執行手数料は５００万円となりますので……」

**これを見たご遺族は驚いて私どもに連絡してこられました。**

信託銀行との交渉の結果、このときは遺言執行人を外れてもらうことで解決しました。遺言執行人を依頼する際には、くれぐれも注意が必要だということです。

また、信託銀行などの金融機関自体が登記代行や法廷代理などはできません。これらが必要となった場合には別途報酬が必要となるのでここにも注意が必要です。

## おわりに●最強の投資は「自己投資」である

『お金持ち入門』、いかがでしたか？

ここまで、さまざまなお金の話を述べてきましたが、最終的にもっともリターンが大きい投資は、**自己投資**です。

『「超」納税法』（新潮社）という本の中で、著者の野口悠紀雄氏が、教育投資に税金が課せられないことを指摘していました。

そう、あなたがどんなに賢くなって、お金を生み出せるようになっても、あなたの脳みそに税金はかけられないのです。

**だから、ユダヤ人は自分の知恵に投資します。**
**そして次に、人脈に投資するのです。**

これからの時代、金融資産がどうなるか、プロだってわからない状況です。

**だとすれば、どんな危機状態でも使える資産を、手に入れたほうがいい。**

それは、「知恵」と「友だち」しかないということです。

普通に暮らしている方なら、まずはいい学校に入ること。それによって知恵も人脈も質が高まります。

それが難しいなら、いい仕事やいい師匠につくことです。

もう引退された方であれば、習い事でもいいでしょう。年をとっても、学ぶことは可能です。

若い方は、仕事を探すとき、お給料や待遇で選ぶ人がほとんどだと思います。

**でも、その仕事に就くことによってどんな知恵や人脈資産がつくかを考えて選ぶと、キャリ**

アはうまくいくと思います。

そして、どんなに忙しい中でも、人と語り合う時間を持つこと。
同じ志を持つ「同志」がいれば、人生は楽しくなります。

最終的な人生の勝ち組とは、お金持ちではありません。

**収入の心配がなく、素晴らしい仲間に恵まれ、**
**日々を豊かに過ごしている人なのです。**

２０１５年６月

土井英司

**【責任編集者略歴】**

## 土井英司（どい　えいじ）

エリエス・ブック・コンサルティング代表
日本で一番お金の本を読み、プロデュースし、投資を実践する。
「アマゾンのカリスマバイヤー」として多くのベストセラーを生む。2004年に独立後は数多くの著者のブランディング、プロデュースを手掛け、『年収200万円からの貯金生活宣言』『投資信託選びでいちばん知りたいこと』などお金の本でのヒットも多い。「フレキシブルに、アグレッシブに」の思考法で、株式で数千万円、不動産で数億円を投資する実践家でもある。

**【著者略歴】** 五十音順

## 朝倉智也（あさくら　ともや）

モーニングスター株式会社代表取締役社長
1989年、慶應義塾大学文学部卒。銀行、証券会社にて資産運用助言業務に従事した後、1995年米国イリノイ大学経営学修士号取得（MBA）。同年、ソフトバンク株式会社財務部にて資金調達・資金運用全般、子会社の設立および上場準備を担当、1998年、モーニングスター株式会社設立に参画し、2004年より現職。著書に『〈新版〉投資信託選びでいちばん知りたいこと』（ダイヤモンド社）などがある。

## 伊藤邦生（いとう　くにお）

ゴールドスワンキャピタル株式会社代表
不動産投資でサラリーマンの資産形成を助けるプロフェッショナル。京都大学大学院理学部物理学研究科修了。大手金融機関に11年間勤務した後、不安定な企業にしがみつくサラリーマンの生き方に危機意識を持ち、独立。サラリーマンを対象に不動産投資で安定収入を得る方法を指南する。自身も地方で収益物件を3年間に5棟、6億円分購入し、不動産から月200万円の収入が得られるようになる。著書に『年収1000万円の貧乏人　年収300万円のお金持ち』（KADOKAWA／中経出版）がある。

## ウエスタン安藤（うえすたん　あんどう）

事業継続コンサルタント、税理士
企業継続発展のための実践会計学【会計実学】を駆使したコンサルティングでは、毎年1500万円の赤字を計上してきた企業をたった1年で優良企業化。また起業後3年間で半分が倒産するといわれる中、脱サラで起業したばかりの会社では3年で2000万円の蓄財を実現し、企業の存亡に関わる場面では、撤退のタイミングを正確に図ることで倒産の危機を免れた企業もたくさんある。バブル経済の盛衰を経験し「なぜあの企業は生き残れたのか」を徹底研究した結果、現代日本では学べない「事業継続のための会計学」の存在に気づく。その知識と技術を乞われ2006年からは某金融機関の融資審査員に就任し、貸倒率を激減させる。著書に『世界一わかりやすい会計の本』（イースト・プレス）などがある。

## 太田　創（おおた　つくる）

フィデリティ投信株式会社　商品マーケティング部長
1985年、関西学院大学経済学部卒。同年三菱銀行（現・三菱東京UFJ銀行）入社。その後、外資系資産運用会社等を経て、2007年フィデリティ投信入社。商品マーケティング部長として、投資信託の商品企画及びマーケティングに携わる。投資信託をはじめとする金融商品の他、海外での資金ディーラーとしての豊富な経験を活かし、市況や金融市場に関する幅広い啓蒙活動、著述、寄稿、講演を数多く手掛ける。著書に『ETF投資入門』（日経BP社）などがある。

## 木村昭二（きむら　しょうじ）

新興国市場研究家
慶應義塾大学卒、オックスフォード大学サイードビジネススクール、Oxford Global Investment Risk Management Programme 修了。複数の金融機関、シンクタンク等を経て現在はPT（終身旅行者）研究家、フロンティアマーケット（新興国市場）研究家として調査・研究業務に従事。フロンティアマーケットについては、90年代初頭より研究を続ける。著書に『終身旅行者PT』（パンローリング）などがある。

## 長谷川嘉哉（はせがわ　よしや）

医学博士、認知症専門医師

祖父が認知症になった経験から医師の道を志す。診療内容は、病気だけでなく生活、そして家族も診るライフドクター®として医療、介護、社会保障サービスから民間保険の有効利用にまで及ぶ。ファイナンシャルプランナー資格を持つ専門医として地方のクリニックでありながら、全国で10位以内に入る数（製薬メーカー調べ）の認知症患者が受診している。

著書に『介護にいくらかかるのか?』（学研新書）、『公務員はなぜ認知症になりやすいのか　ボケやすい脳、ボケにくい脳』（幻冬舎新書）などがある。

## 畑中　学（はたなか　おさむ）

不動産コンサルタント

武蔵野不動産相談室株式会社代表取締役

宅地建物取引士・公認不動産コンサルティングマスター。不動産投資家の顧問として物件に対するアドバイスを行うほか、不動産投資で失敗した人の再生を数多く行っている。2008年に独立後、不動産コンサルタントとして全国に活動範囲を広げている。著書に『〈2時間で丸わかり〉不動産の基本を学ぶ』『不動産の落とし穴にハマるな!』（共にかんき出版）がある。公的機関でのテキスト作成や民間不動産資格の試験委員など不動産・建築業界での教育活動も行っている。

## 藤野英人（ふじの　ひでと）

レオス・キャピタルワークス　ひふみ投信ファンドマネジャー

格付投資情報センター主催のR&Iファンド大賞を4年連続国内株式部門で受賞している日本を代表するファンドマネジャー。運用するひふみ投信は数々の賞を受賞。野村系、JPモルガン系、ゴールドマン・サックス系の資産運用会社を経て、2003年レオス・キャピタルワークスを設立。過去6000人以上の経営者にインタビューをし、『投資家が「お金」よりも大切にしていること』（星海社新書）などの著書を持つ。経済産業省、環境省などで政府委員も歴任。明治大学兼任講師。JPXアカデミーフェロー。

## 松崎泰弘（まつざき　やすひろ）

東洋経済新報社デジタルメディア局会社四季報オンライン事業部担当部長兼会社四季報オンライン副編集長
1962年、東京生まれ。日本短波放送（現ラジオNIKKEI）、北海道放送（HBC）を経て2000年、東洋経済新報社へ入社。日本短波放送時代は兜倶楽部、ニューヨーク支局などに在籍、日本経済新聞社へも出向。HBC時代は経済担当記者として北海道拓殖銀行の破綻報道などに携わる。「週刊東洋経済」副編集長、「オール投資」編集長、市場経済部長、企業情報部長、特別編集部長などを歴任。2013年10月から現職。大正大学非常勤講師も務める。

## 柳澤賢仁（やなぎさわ　けんじ）

柳澤国際税務会計事務所代表、税理士
論文『不確実性の税務』で2007年度日税研究賞（税理士の部）を史上最年少で受賞した国際税務とM&Aの専門家。『不確実性の税務』で指摘した税務上の「住所」の判断については、国内個人で史上最高額の納税者勝訴となった武富士贈与税事件の原告側資料となった。慶應義塾大学大学院経済学研究科修士課程を修了後、アーサー・アンダーセン、KPMGを経て、柳澤国際税務会計事務所・株式会社柳澤経営研究所を設立。アジア20カ国の会計事務所ネットワークOneAsiaを立ち上げ、日系企業の海外進出支援やクロスボーダーＭ＆Ａで多数の実績があるほか、海外に居住したい富裕層・M&Aによる事業承継を考えるオーナー経営者向けの個人コンサルティング、税務戦略についても指導している。著書に『資金繰らない経営』（クロスメディア・パブリッシング）などがある。

## 横山光昭（よこやま　みつあき）

家計再生コンサルタント
株式会社マイエフピー代表取締役社長。家計の借金・ローンを中心に、盲点を探りながら抜本的解決、確実な再生を目指す。個別の相談・指導では独自の貯金プログラムを活かし、リバウンドのない再生と飛躍を実現、これまで8000人以上の赤字家計を再生した。独自の貯金法などを紹介した『年収200万円からの貯金生活宣言』（ディスカヴァー・トゥエンティワン）など著書も多数。全国の読者や依頼者から共感や応援の声が集まる、庶民派ファイナンシャルプランナー。

装幀―――――――長坂勇司
本文設計・ＤＴＰ―ホリウチミホ（ニクスインク）
校正―――――――鷗来堂
企画・編集―――酒井圭子

お金《かね》持《も》ち入門《にゅうもん》
資産《しさん》１億円《おくえん》を築《きず》く教科書《きょうかしょ》

2015年7月10日　初版第1刷発行

責任編集――土井英司《どいえいじ》
著　者――朝倉智也《あさくらともや》、伊藤邦生《いとうくにお》、ウエスタン安藤《あんどう》、
太田《おおた》 創《つくる》、木村昭二《きむらしょうじ》、長谷川嘉哉《はせがわよしや》、畑中《はたなか》 学《おさむ》、
藤野英人《ふじのひでと》、松崎泰弘《まつざきやすひろ》、柳澤賢仁《やなぎさわけんじ》、横山光昭《よこやまみつあき》

発行者――増田義和

発行所――(株)実業之日本社

〒104-8233　東京都中央区京橋3-7-5　京橋スクエア
電話 03-3535-2393（編集部）
03-3535-4441（販売部）
http://www.j-n.co.jp/

印刷所――大日本印刷(株)

製本所――(株)ブックアート


ISBN978-4-408-11099-8（学芸ビジネス）